Ich habe mich selbst gefunden, war gar nicht schwer, ich stand nur etwas neben mir.

Ein Buch zum Mitmachen

Autorin N. P. K

Liebe das Leben!

Es ist das einzige
Geschenk,
welches Du
nicht zweimal
erhältst.

Autor unbekannt

Inhaltsverzeichnis

Ein guter Aphorismus
ist die
Weisheit
eines ganzen
Buches
in einem
einzigen Satz

Theodor Fontane

Über die Autorin

Jammer nicht, lebe!

Schon Einstein sagte: „Es gibt viele Wege zum Glück, einer davon ist aufhören zu jammern.“
Und ich habe mir das zum Lebensmotto gemacht.

Hallo, mein Name ist Nicole, ich lebe mit meiner Familie in einem idyllischen Örtchen im Herzen von Oberfranken. Zum Schreiben kam ich wie die Jungfrau zum Kind. Die Worte sprudelten einfach so aus mir heraus und ich erkannte sehr schnell, was das geschriebene Wort für eine Macht besitzt.
Mein damaliger Deutschlehrer (Gott hab ihn selig), würde sich wahrscheinlich im Grab umdrehen, wenn er wüsste, dass die wortkarge, schreibfaule Schülerin jetzt Bücher schreibt.
By the way, ich betreibe außerdem die Instagram Seite und den Blog „Jammer nicht, lebe!“

Sprüche und Zitate halfen mir in der schwierigsten Zeit meines Lebens, mich über Wasser zu halten. Ich konnte und kann mich auch heute noch mit den kurzen dennoch aussagekräftigen Zeilen mehr identifizieren als mit langen endlosen Texten. Ich liebe es, Sprüche und Zitate zu analysieren.

Damit fühle ich mich ganz einfach pudelwohl und lerne nebenbei noch etwas fürs Leben.

Noch kurz zu mir und meiner Mission.

Nach einem schweren Unfall mit Folgen und einer Fahrt in die Abgründe der menschlichen Psyche schenkte mir das Schicksal eine Fahrkarte, die in allen Farben des Regenbogens leuchtete, zurück in Richtung Leben.
Sollte ich aufgeben oder weitermachen?
Heute weiß ich, dass es sich gelohnt hat neu anzufangen, meinen Träumen zu folgen und niemals aufzugeben.

Jede Krise kann auch eine Chance sein!
Ich lernte schmerzhaft, dass man als chronisch Kranker nicht auf der Ersatzbank versauern muss und kämpfte mich selbst aus dem Teufelskreis des Schmerzes und der Angst. Mein innerer Kritiker schrie oft lautstark und ich brauchte viel Überzeugungskraft, um nicht vom Weg abzukommen, aber wenn man genau hinhört, erkennt man, dass hinter der Angst die Freiheit liegt.

Es zählt nicht, wer Du warst als Du hingefallen bist.
Es zählt nur, wer Du wurdest als Du wieder aufgestanden bist!

Autor unbekannt

Bei jedem Hinfallen lernte ich eine andere Methode, um wieder aufzustehen, jede Einzelne machte mich mutiger, stärker und kreativer. Als mir die Angst einst leise ins Ohr flüsterte, dass ich dem Sturm, der über mich kommen wird, nicht standhalten könnte, so flüstere ich heute zurück: „Ich bin der Sturm!"

Es entwickelte sich aus einem Scherbenhaufen etwas Großartiges für mich. Genau das möchte ich auf meinen Seiten und Büchern an alle Menschen, die die Hoffnung verloren haben, zurückgeben.
Jammern verändert nichts! Machen dagegen alles.

Meine auserwählten Sprüche und Zitate von verschiedenen Autoren, sind lebensfroh, ehrlich und natürlich immer mit einer Prise Humor von mir untermalt. In meinen Blog schreibe ich über die einzelnen Schritte, die mir persönlich dabei geholfen haben, wieder an Lebensqualität zu gewinnen und in meinem Buch „Jammer nicht, lebe!" erzähle ich meine ganze Geschichte hautnah.

Die Zukunft gehört denen, die sie verändern wollen!

Grüße von Herzen
Nicole

Hallo! Willkommen in meiner Welt der Sprüche & Zitate.

„Einige Menschen schwimmen mit dem Strom, einige dagegen. Ich stehe mitten im Wald und finde den Fluss nicht.“ Autor unbekannt

Kommt Dir das bekannt vor?
Sich selbst zu finden ist wohl einer der steinigsten und schwierigsten Wege überhaupt. Ein Balanceakt auf einem schmalen Grat zwischen Individualität und Anpassung. Wer will sich schon anpassen und alle wollen individuell sein, aber wehe, EINER ist anders?! Schon hat man das Dilemma.
Wie macht man es richtig?
Wer bin ich?
Was ist meine Aufgabe in dieser Welt?
Fragen über Fragen und keiner hat ein Patentrezept parat. Unser Akku ist leer und der triste Alltag macht uns krank.

Aber hey, ich habe mich auch selbst gefunden und es war gar nicht schwer, ich stand nur etwas neben mir.
Wie?

„Komm mit mir ins Abenteuerland, der Eintritt kostet den Verstand ...“

(Pur)

... mit einer Menge Humor, einer gesunden Portion Selbstkritik und harter Arbeit.
Hand aufs Herz, die meistens von uns haben einen Stock im Allerwertesten und kommen nicht mehr aus der Hüfte und beschweren sich dann über das Leben, weil Ihnen die Leichtigkeit fehlt.
Das größte Problem, das wir haben ist, sich Angst und Sorgen zu machen und dabei verlieren wir das Wichtigste aus den Augen.
Unser Leben!
Eigentlich stehen wir uns zu oft selbst nur im Weg.

Ihr Lieben, zieht doch einfach den Stock aus dem Hintern und macht Brennholz daraus.

Lernt das Leben wieder zu genießen und Euch *SELBST* zu Lieben.

Ja, es gibt bereits tausende Bücher, Blogs, Podcast über dieses Thema und ich sage Dir ganz sicher nichts Neues, denn das muss ich auch nicht.
Das Problem ist nicht die Unwissenheit, sondern das Nichtstun.
Ich ermutige Dich, endlich ins Tun zu kommen.
Es ist nie zu spät für einen Neustart.

Und plötzlich weißt Du:
„Es ist Zeit, etwas Neues
zu beginnen und dem Zauber
des Anfangs
zu vertrauen."

Meister Eckhart

Kleine Challenges für Dich zum Mitmachen und Aufschreiben, helfen Dir dabei in den „FLOW" zu kommen und Dich selbst zu verwirklichen.

Sollte der Platz zum Schreiben nicht ausreichen, nimm Dir einige Zettel oder ein Notizbuch.
Bei einem E-Book empfehle ich Dir gleich einen Block.

Wiederholung ist die Mutter der Porzellankiste.

Jammer nicht, lese!

Ich wünsche mir von ganzem Herzen, dass Dir meine Bilder, Challenges und mein Erlebtes dabei helfen, Dein Leben wieder in die richtigen Bahnen zu lenken und Dir selbst dabei, Dich wiederzufinden.

Das Leben muss nicht einfach
sein, sondern gelebt werden.

Das Leben ist ein Rätsel
– löse es!
Das Leben ist ein Lied
– singe es!
Das Leben ist ein Abenteuer
– wag es!

Autor unbekannt

Lass uns loslegen!

Beschreibe Dich, wer Du heute, am Anfang des Buches/ Deiner Reise bist. Nimm Dir Zeit dafür.
Das Kästchen, welches Du auf den nachfolgenden Seiten öfters für persönliche Notizen finden wirst, bietet Dir die Möglichkeit, zu wiederholen, zu lernen, Deine Gedanken festzuhalten oder Deine erreichten Ziele abzuhaken.

Mitmach-Challenge

Veränderungen sind am Anfang schwer, chaotisch in der Mitte, aber am Ende großartig! Autor unbekannt

Ich bin:

auf dem Weg mich zu finden, lese viel über Spiritualität, meditiere jeden Tag, Gehe in die Natur. Möchte leben & Spaß haben, ohne mir einen Kopf zu machen, was andere über mich denken. Hab meinen Weg noch nicht & keine Spezialisierung

„Mit Mut fangen die besten Geschichten an!“

Autor unbekannt

Fang´ jetzt an!
Merk´ Dir eines: „Ausreden verbrennen keine Kalorien.“

Es ist mein Leben

Du bist das
großartigste Projekt,
an dem Du jemals
arbeiten darfst.
Nimm Dir Zeit und lass
es magisch
werden ...

Auto unbekannt

Als ich mich selbst zu lieben begann, erkannte ich, dass mich meine Gedanken schwach und krank machten, als ich jedoch auf meinen inneren Kompass „Herz“ zu hören begann, bekam mein Ego einen ebenbürtigen Partner.

Es prallten zwei Welten aufeinander und es entstand
etwas Großartiges,
dass sich „mein Leben“ nennt.

Weißt Du eigentlich, was es heißt, sein eigenes Leben zu leben? Um ehrlich zu sein, ich hatte mir darüber nie Gedanken gemacht, vermutlich genau wie Du.
Einen Rat, den man in vielen Zeitschriften und Ratgebern lesen kann, „*FÜHREN SIE IHR EIGENES LEBEN*“, hört sich ja sehr simpel an. Nichts leichter als das.
Aber wann lebt man denn sein eigenes Leben und wann tut man es nicht?

Stelle Dir vor Du bist 85 Jahre alt und sitzt auf dem Schaukelstuhl mit Opa und denkst über Dein Leben nach. Willst Du Dir Vorwürfe machen, weil Du nie den Mut hattest, Dein eigenes Leben zu leben? Oder willst Du zufrieden auf Dein Leben zurückblicken und stolz sein, was Du alles unternommen hast, um all Deine Träume zu verwirklichen?

Es liegt schließlich allein in Deiner Hand!

Albert Einstein sagte einst: „Die Definition von Wahnsinn ist, immer wieder das Gleiche zu tun und andere Ergebnisse zu erwarten."

Ich habe mich entschieden und definiere mein „Leben leben" so:

- Ich tue jeden Tag das, was mich glücklich macht.
- Ich entwickle mich weiter und helfe anderen.
- Ich blicke jeden Tag in den Spiegel und sage „JA" zu meinem Leben.
- Ich tue, was ich für richtig halte und erfülle nicht die Erwartungen anderer.
- Ich bin, wie ich bin, nicht perfekt, aber glücklich.
- Ich führe ein Leben, von dem ich keinen Urlaub brauche.
- Ich möchte respektiert werden.
- Ich habe den Mut zu handeln.
- Mir ist es egal, was andere von mir denken, es ist mein Leben.
- Ich nutze meine Zeit intensiv und sitze sie nicht ab.
- Ich arbeite jeden Tag an mir selbst.
- Ich habe keine Angst vor der Zukunft.

Unser Leben hat ein Ablaufdatum. Das Einzige, was Du tun kannst, ist das Bestmögliche daraus zu machen. Leider sieht die Realität in den meisten Fällen anders aus.

Ständig wird uns eingeredet, was wir zu tun und zu lassen haben.

Der Druck der sogenannten Gesellschaft lastet auf jedem von uns, auf Dir, auf mir, auf unserer Familie und auf unseren Freunden.
Dein Chef erwartet, dass Du Dich krumm und bucklig arbeitest, vielleicht noch Überstunden machst und am Wochenende nochmal in der Firma antanzt. Von Deinen Kindern werden gute Noten in der Schule erwartet und im besten Fall noch ein Studium.
Unser Geld soll für Statussymbole (z. B. Porsche, Handy, teure Klamotten) ausgegeben werden, denn das ist gesellschaftlich konform.
Von uns wird erwartet, den Status Quo zu akzeptieren und Sachen so zu machen, weil sie schon immer so gemacht wurden und Querdenker sind einfach unerwünscht!

Ich sage Dir, das ist alles BULLSHIT!
Ich bin mir sicher, Du bist unzufrieden und möchtest nicht, dass es so weitergeht?
Liege ich richtig? Ich glaube schon, denn mir ging es genauso.

Erfülle nicht ständig die Erwartungen anderer, die wichtigste Person in Deinem Leben bist Du.

Lasse Dir niemals etwas einreden, was Du nicht willst oder für falsch empfindest.

Entscheide Dich dafür, Dein Leben nach Deinen Vorstellungen zu führen. Veränderungen lösen immer Angst aus, ja, Du wirst eine gute Portion Mut brauchen, keine Frage.
ABER, wenn Du es wagst, hast Du eine Chance auf Dein eigenes Leben, wenn Du es lässt, dann bleibt alles beim Alten!

Hör´ einfach auf zu funktionieren, Deine Mission heißt „Leben" ... nicht ÜBEERLEBEN! Autor unbekannt

Was Du suchst,
ist **nicht** auf den Gipfeln
der Berge,
nicht in den Tiefen
des Meeres,
nicht in den Straßen
der Städte.

Es ist in Deinem
Herzen!

Autor unbekannt

7 Tipps, wie Du der Architekt Deines Lebens werden kannst:

- Step by step! Fange da an, wo Du gerade bist - im HIER und JETZT
- Gestern ist Geschichte und morgen ist ein Geheimnis.
  Je mehr Sorgen Du Dir um Deine Vergangenheit machst und Angst vor der Zukunft hast, desto weniger kümmerst Du Dich um das Wichtigste – das Heute.

- Akzeptiere, alles was im Moment geschieht, hat einen Zweck.
- Alles im Leben hat seine Berechtigung, ein größerer Plan, in dem wir ein Teil sind.
  Es geht aber nicht darum dies zu verstehen oder zu analysieren, sondern zu erkennen, dass alles was passiert ein Wachstum der eigenen Persönlichkeit ist.

- Kümmere Dich nicht um Probleme anderer Menschen.
- Es ist easy, sich mit der Situation anderer zu beschäftigen, was die Leute tun oder lassen und besser machen könnten ... nur, was bringt Dir das?
  Gar nichts! Reine Zeitvergeudung.
  Kümmere Dich lieber um Dich und Dein Leben, es gibt genug Baustellen, die Du bearbeiten kannst.

- ⅄ Die Vergangenheit sollte keine aktive Rolle mehr spielen.
- ➢ Es zählt nur, was Du daraus gelernt hast. Ändern kannst Du Vergangenes sowieso nicht mehr. Lass die Vergangenheit ruhen und lerne daraus.

- ⅄ Beurteile nicht ständig, sondern akzeptiere!
- ➢ Wenn Du ständig Gespräche im Geiste analysierst oder kritisierst, entgeht Dir die eigentliche Botschaft, die meistens zwischen den Zeilen steckt. Akzeptiere einfach, wie Personen denken und beteilige Dich aktiv an der Unterhaltung. Zuhören lautet das Zauberwort, denn Respekt fängt beim Zuhören an.

- ⅄ Suche Lösungen, keine Probleme.
- ➢ Jede Möglichkeit ist eine Chance, nutze sie.
  Es gibt für jedes Problem eine Lösung.
  Wer will, findet Wege, wer nicht will Ausreden.

- ⅄ Es ist nicht wichtig, was andere von Dir halten.
- ➢ Lerne was Du bist und sei es.
  Definiere Dich selbst und nicht über die Meinung anderer.
  Niemand außer Dir weiß, was Du durchgemacht hast.
  Sei stolz auf Dich und wer mit Dir ein Problem hat, darf es gerne behalten, ist schließlich seins.

… be your amazing self …

Kämpfe um die Dinge, die Dein Leben besonders machen. Um die kleinen Glücksmomente, die Dich zum Strahlen bringen und die Abenteuer, mit denen Du dem Alltag entfliehen kannst.

Geh´ raus mache Fehler, sorge für ein Durcheinander, mach´ Lärm, lache grundlos, sei mutig und lebe Dein eigenes Leben.

Mitmach -Challenge

Hast Du den Mut Dein eigenes Leben zu leben?
Mache Dir Notizen!
Was antwortest Du auf die Frage, was es für Dich bedeutet, Dein eigenes Leben zu führen?

glücklich sein,
lachen, quatschen
wie ich will,
Angst haben,
Abenteuer machen,
mich frei fühlen,
scheiß egal was
andere über mich
denken,
nein sagen,
verzeihen, dankbar
sein, aus dem
Herzen fühlen

Geh´ raus und erlebe Abenteuer!

Das Leben wartet auf Dich ...

Autor unbekannt

Schließe ab mit dem
was war,
sei glücklich
mit dem was ist
und
offen für das,
was noch kommt.

Das Leben ist schön,
von einfach war nie die Rede!

Autor unbekannt

Die Macht der Gedanken

Es sind Deine Gedanken,
die Dich gut
oder böse,
traurig
oder glücklich,
arm
oder reich machen.

Autor unbekannt

„Du musst lernen, Deine Gedanken zu wählen, auf dieselbe Weise wie Du täglich Deine Kleidung wählst. Das ist eine Macht, die Du kultivieren kannst. Wenn Du wirklich Dinge in Deinem Leben kontrollieren willst, arbeite an Deinem Verstand. Das ist die einzige Sache, die Du versuchen solltest zu kontrollieren."

Elizabeth Gilbert

Die Macht der Gedanken wird unterschätzt, auch von mir!
Aber woher in aller Welt sollte ich es wissen, es wurde mir nie erklärt. Als geborener Pessimist stapfte ich durchs Leben und beschuldigte immer andere Leute oder die gegebenen Umstände, die mich zur Weißglut trieben oder mich traurig und ängstlich machten.
Kennt sicherlich jeder.
Oder nicht?
Ich bin mir ziemlich sicher!
Gelogen wird nicht!

Das Brett vor meinem Köpfchen wurde mir mit einem Schlag entrissen und so stand ich im übertragenen Sinn „nackt" vor meiner Realität.
Das Problem dabei war, ich hatte meine Gedanken nicht unter Kontrolle und buchte eine Achterbahnfahrt in die Abgründe der menschlichen Psyche.

Gute Ratschläge wie: „Du musst nur positiv denken" oder „sei optimistisch dann funktioniert das schon", bekam ich häppchenweise serviert.

Doch zu glauben, dass man allein durch positives Denken da unten herauskommt, ist völliger Quatsch.
Positive Gedanken erzeugen positive Gefühle – negative Gedanken erzeugen negative Gefühle.
Darauf beruht auch das Gesetz der Anziehung.
Bekannt geworden durch den Film „The Secret".
Du ziehst das an, woran Du denkst.
Dieser Satz mag stimmen, doch entscheidend ist, man muss auch etwas dafür tun.
Gedanken haben eine unglaubliche Macht und können unser Handeln enorm beeinflussen.

- Wer nicht an seinen Erfolg glaubt, wird nicht anfangen oder weiter daran arbeiten.
- Wer sich krank und schwach fühlt, wird sich zurückziehen und keine sozialen Kontakte pflegen.
- Wer glaubt, unbeliebt zu sein, geht niemals offen auf Menschen zu.
- Wer nicht an sich selbst glaubt, wird immer wieder dieselben Fehler machen.
- Wer sich im Job als Opfer sieht, wird nie den Mut haben, erfolgreicher werden zu wollen.

Was wir denken, strahlen wir aus!

Gedanken sind unglaublich mächtig, sie erschaffen unsere Realität, beeinflussen unsere Gefühle, unser Verhalten und somit unser gesamtes Leben.
Du bekommst im Leben das, worauf Du Dich konzentrierst.
Lenkst Du Deine Aufmerksamkeit auf Deine Schwächen, Probleme und Ängste, erschaffst Du Dir noch mehr davon. Hast Du den ganzen Tag Sorge, dass eine Situation eintritt, die Dich sehr ängstigt, wird das der Fall sein. Suchst Du stattdessen nach Lösungen, bekommst Du die Chance Deinen Zielen ein Stück näherzukommen.

Klingt alles einfach in der Theorie!

Aber wie ändert man denn seine Gedanken?
Die meisten Menschen glauben, sie sind nicht verantwortlich für Ihre Gedanken. Sie glauben, dass die Umstände, in denen sie sich befinden oder die Menschen, die sie umgeben, schuld sind für ihre Gefühle und diese wiederum die ständig negativen Gedanken verursachen.

Das ist leider falsch!

Jede Situation, jeder Umstand, in dem wir uns befinden ist zunächst erstmal neutral. Erst durch unsere Gedanken bewerten wir diese, was dann zu Emotionen führt, ob negativ oder positiv.

Das bedeutet, dass unser Denken unsere Gefühle beeinflusst und demnach unser Handeln.

Wenn wir also unsere Gedanken bewusst steuern, können wir unsere Gefühle ändern und so unser Schicksal?
Theoretisch ja, praktisch nicht ganz so einfach.

Der Mensch ist ein Gewohnheitstier und vieles läuft unterbewusst automatisiert ab, was einerseits nicht schlecht ist (z. B. Autofahren) andererseits kommen die negativen Denkmuster automatisch immer wieder.

Ein Klassiker als Beispiel.
Es ist Montag, für viele der schlimmste Tag in der Woche, weil das Wochenende zu kurz war und der langweilige Job wartet.
Schon das Zähneputzen morgens ist ätzend, Du verabscheust Montage, weil das immer schon so war.
Das Ergebnis.
Der Montag wird wie jeder Montag beschissen und Du bist froh, wenn der Tag um ist.
Das könnte auch anders laufen.
Du könnest dankbar sein, dass Montag ist und Du gesund und munter aufstehen darfst.

Das ist nämlich Dein Privileg.

Der erste Schritt, um Deinen eingefahrenen Trampelpfad im Kopf neu zu pflastern ist, zu wissen was Du verändern willst.
Weißt Du es, so kannst Du mittels positiver Glaubenssätze
(ein Glaubenssatz ist ein Gedanke, der tief in Deinem Geist verankert ist und für Dich als wahr gilt. Oftmals sind Dir Deine Glaubenssätze gar nicht bewusst und werden unterbewusst wieder und wieder gedacht)
Deine negativen Denkmuster umprogrammieren.

Vorsicht, Dein Gehirn reagiert nicht auf Knopfdruck und die Löschtaste funktioniert nicht.
Wenn Du bisher noch keine Ahnung hast, was Dir im Kopf herumspukt, dann helfe ich Dir gern auf die Sprünge.

- Das kann ich nicht.
- Alle anderen haben es immer besser.
- Das wird nie etwas.
- Dafür bin ich zu alt.
- Das halte ich nicht durch.
- Das ist zu schwierig für mich.
- Geld stinkt.
- Geld verdirbt den Charakter.
- Heute ist nicht mein Tag.
- Nie gewinne ich.
- Ich habe immer Pech.
- Ich bin nicht glücklich.
- Ich bin nicht gut genug.
- Ich bin krank.

- Ich bin schwach.
- Ich hasse mein Leben.
- Ich werde nie eine Beziehung haben.
- Keiner liebt mich.
- Ich habe Angst
- Ich bin dumm.
- Ich werde nie geschätzt ... und, und, und ...

Na, dämmert es Dir allmählich?

Wenn Dir solche Sätze im Kopf herumschwirren, dann wird das Deine Realität.
So wie wir mit uns selbst sprechen in Gedanken, so sind wir. Warum? Dein Unterbewusstsein nimmt alles für bare Münze. Du kannst es Dir wie einen Computer vorstellen, sind die Programme (Glaubenssätze) erst einmal installiert, laufen sie ständig im Hintergrund. Bruce Lipton vergleicht das Unterbewusstsein mit einem Aufnahmegerät. Alles was es aufnimmt, wird 1:1 in Dauerschleife immer wieder abgespult.
Auch die negativen Erlebnisse oder Überzeugungen, sind sozusagen abgespeicherte „Störprogramme", die unterbewusst am laufenden Band rattern.

Genau das, wollen wir im positiven Sinn verändern.

Wichtig ist, dass die Glaubenssätze in der Gegenwart formuliert werden und keine Verneinungen darin vorkommen.

Außerdem sollten sie für Dich glaubwürdig sein und ein positives Gefühl in Dir auslösen.

Fühlst Du Dich unbehaglich mit einem Glaubenssatz, so formuliere ihn sooft um, bis er für Dich stimmig ist.

- aus, ich kann nicht, wird ... ich kann es schaffen ...
- aus, ich bin nicht gut genug, wird ... ich bin gut genug ...
- aus, ich bin es nicht wert, geliebt zu werden, wird ... ich habe es verdient geliebt zu werden ...
- oder ... ich bin wertvoll,
- mir geht es jeden Tag besser,
- ich nehme mich so an, wie ich bin.

Positive Glaubenssätze erzeugen kraftvolle Energie.

Mach´ es wie Pippi Langstrumpf.

Mach´ Dir die Welt sowie sie Dir gefällt.

Achte auf Deine Gedanken,
sie werden Worte.

Achte auf Deine Worte,
sie werden Handlungen.

Achte auf Deine Handlungen,
sie werden Gewohnheiten.

Achte auf Deine Gewohnheiten,
sie werden Dein Charakter.

Achte auf Deinen Charakter,
er wird Dein Schicksal.

Chinesisches Sprichwort

Die Geschichte des Adlers

Ein Bauer fand ein Ei eines Adlers und legte es in ein Nest seiner Hühner.
Der Adler wurde von einer Henne ausgebrütet und wuchs mit den anderen Küken auf.
Er fühlt sich wie ein Huhn, er gackerte wie Huhn, er flatterte nur meterweise über den Boden, so wie es eben Hühner den lieben langen Tag taten.
Er scharrte nach Würmern im Boden.
Es vergingen einige Jahre und der Adler wurde älter. Eines Tages sah er einen prächtigen Vogel am Himmel, der majestätisch seine Kreise zog.
Der Adler blickte voller Bewunderung nach oben und fragte die Hühner: „Wer ist das da oben?" „Das ist ein Adler, der König der Vögel", antwortete ein Huhn. „Wäre es nicht herrlich, wenn wir auch da oben am Himmel kreisen könnten", sagte der Adler. „Vergiss es!", sagte das Huhn, wir sind nur Hühner.
Der Adler **glaubte** dem Huhn und starb im **Glauben** ein Huhn zu sein.

Die Geschichte der Hummel

Die Hummel hatte absolut keine Ahnung von Aerodynamik und flog einfach.
Sie tat es einfach, weil sie daran **glaubte, es zu können.**

Was sollten uns diese beiden Geschichten sagen?

Zu oft glauben wir zu wissen zu was wir fähig sind. Aber vielleicht sind wir nur dem ausgeliefert, was andere Menschen (Eltern, Verwandte, Lehrer) in der Vergangenheit zu uns gesagt haben?
Als wir noch klein waren, wurde uns eventuell gesagt: „Du kannst es nicht", „dazu bist Du zu dumm oder zu schwach, etc.!"
Ich suche bestimmt nicht den schwarzen Peter und gebe auf keinen Fall den Eltern die Schuld, denn sie wussten es damals schließlich auch nicht besser.
Worauf ich hinaus möchte ist, warum wir heute so denken, wie wir denken.
Die negativen Einflüsse aus der Kinderzeit verfestigen sich und werden zu Überzeugungen, sodass man tatsächlich glaubt, man kann etwas nicht.
Jetzt kann ich es ja sagen: „Wir dürfen nicht immer alles glauben, was uns gesagt wird!"

Wir sollten gewisse Dingen, die uns die Gesellschaft seit unserer Kindheit eintrichtern will, infrage stellen. „Geld allein macht nicht glücklich", „aus Dir wird nie etwas werden" oder „um reich zu werden braucht man Glück".

Nichts davon entspricht der Wahrheit!!

Ändere Deine Gedanken, dann ändert sich alles! *Autor unbekannt*

Wenn es sich gut anfühlt,
dann mach´ es!

Ich weiß, das klingt alles utopisch.
Du glaubst noch nicht so richtig daran, dass man sein ganzes Leben verändern kann, indem man **einfach** nur seine Gedanken ändert.
Aber was hast Du zu verlieren? Nichts!

Probier's aus, es funktioniert ganz sicher.

- Schreibe Dir alle Glaubenssätze auf -positiv & negativ.
- Konzentriere Dich aber erst auf die Negativen, die Du loslassen willst.
- Fällt Dir gerade keiner ein, erinnere Dich, was Eltern, Großeltern, Freude oder Lehrer früher suggeriert haben oder sieh´ Dir die Liste weiter oben an.
- Stell´ Dir zu jedem negativen Glaubenssatz ein paar Fragen:

    - Wie fühlt es sich an, wenn ich diesen Satz loslasse?
    - Was passiert, wenn ich weiter daran festhalten würde?
    - Verbessert sich mein Leben, wenn ich weiter in dem Glauben bleibe?
    - Entspricht der Glaubenssatz überhaupt der Wahrheit?

- Formuliere jetzt Deine neuen Glaubenssätze, die Dein Leben verändern sollen und schreibe sie auf. Aufschreiben ist ganz wichtig.
  Für den Anfang_10 positive Glaubenssätze, lese sie morgens vor dem Frühstück und abends vor dem Schlafen gehen aufmerksam durch.
  Wenn Du Deine Sätze häufig wiederholst, lösen sich Deine alten Denkmuster vollständig auf, manifestieren sich in Deinem Unterbewusstsein **UND** erschaffen so Deine neue Realität.

Noch besser wäre, sie laut vorzulesen und zu visualisieren.
Schon kommt das nächste Fremdwort.
Visualisieren bedeutet, es sich vor dem geistigen Auge vorzustellen.
Willst Du reich sein, dann denke und fühle, wie es ist reich zu sein. Was Du tun würdest, wie Du leben würdest, was für Kleidung Du trägst, welche Freude Du damit verbinden kannst.
Willst Du gesund sein, dann denke und fühle, wie es sich anfühlt schmerzfrei und völlig gesund zu sein. Was empfindest Du dabei, was würdest Du sofort tun, ..., etc.

Erlebe in Deiner Vorstellung diese Situation als **echt**. Schließe die Augen und konzentriere Dich darauf.

Unser Unterbewusstsein kann nicht zwischen einer realen Situation und einer Vorstellung in unserem Kopf unterscheiden.

Tu so als ob, bis Du es tatsächlich kannst.
Im Englischen nennt man das: „Fake it till you make it."

Je mehr Emotionen Du in Deine Vorstellungen bringst und regelmäßig wiederholst, desto schneller wird sich Dein Unterbewusstsein umprogrammieren.

Erwarte aber keine Wunder.
Gut Ding will Weile haben und Rom wurde schließlich auch nicht an einem Tag erbaut.

Beginne mit dem Notwendigen, dann dem Möglichen und plötzlich wirst Du das Unmögliche tun.

Franz von Assisi

Mitmach- Challenge

Erschaffe Dir Deine eigene Welt.
Schreib´ Dir Deine Gedanken auf, das macht den Kopf frei!
Notiere Dir Deine Glaubenssätze, wie oben beschrieben.
Positive Umprogrammierung! Wiederholungen nicht vergessen!!

Ich bin schlau
Ich habe es verdient
geliebt zu werden
ich bin wertvoll
ich kann es schaffen

Bleib´ dran!
Unser Unterbewusstsein benötigt 21 Tage, um neue Verhaltensweisen/ Denkmuster zu lernen und/ oder zu verinnerlichen.

Die Welt ist so, wie Du sie siehst.

Denk´ Dir nicht vorher schon alles kaputt ...

Autor unbekannt

Angst ist eine Illusion

Die meisten Menschen
haben
Angst
vor dem Tod,
weil sie nicht genug
aus ihrem Leben
gemacht haben!

Peter Ustinov

Angst ist ein Gedanke, der Dein Gefühl in einer Illusion gefangen hält. *Irina Rauthmann*

Der Puls schießt in die Höhe, die Nackenhaare stellen sich auf, die Hände werden feucht, die Gedanken überschlagen sich und das Herz macht Purzelbäume in der Brust ... naaaa, schon den Säbelzahntiger entdeckt??

Natürlich nicht!

In der heutigen Zeit sind es nicht die Raubtiere, die uns in Todesangst versetzen, sondern ganz andere Dinge. Das könnte zum Beispiel schon ein angestrebter Jobwechsel, ein Besuch beim Arzt oder ein Auftritt auf einer Bühne sein.

Eigentlich ist Angst etwas Gutes, denn sie sichert uns das Überleben, wenn Gefahr droht und ist sozusagen seit mehreren Millionenjahren unser eingebautes „leben oder sterben" System.
Ein vorhandener Urinstinkt.
Allerdings sind mehr als 95 % unserer Ängste unbegründet.
Eine Illusion im Kopf, die uns was vorgaukelt, was passieren könnte.
Dass die Angst im Kopf entsteht, ist demnach völlig richtig, denn das Mittelhirn ist der Sitz der Gefühle.

Und unsere Ängste lösen sehr starke Gefühle aus.

In der Regel vertrauen wir unseren Gefühlen blind, weil wir davon ausgehen, dass unsere Gefühle immer die Wahrheit sagen. Vertrauen heißt, wir glauben fest daran.
Empfinden wir Angst, dann sind wir felsenfest überzeugt in Gefahr zu sein, was aber des Öfteren nicht der Wirklichkeit entspricht.
Eine Selbsttäuschung.
Denn was passiert, wissen wir erst, wenn wir es tatsächlich tun.
Um dann festzustellen, dass es soooooooo schlimm nicht war.
Deshalb sollte man seinen Gefühlen <u>nicht immer</u> blind vertrauen.

Ein paar Beispiele:

- Wir denken, etwas sei gefährlich, dann spüren wir die Angst.
- Wir denken, alles ist hoffnungslos, dann fühlen wir uns mutlos.
- Wir denken, wir sind schwach, dann fühlen wir uns auch so.
- Wir denken, wir sind sehr krank, dann fühlen wir uns so.

Soll heißen, es sind nie die Dinge, die uns beunruhigen, sondern die Sichtweise darauf.

Angst entsteht im Kopf, Mut auch!

Unsere Kommandozentrale im Kopf kann nicht zwischen eingebildeter Gefahr und realer Gefahr unterscheiden. Aber unser Körper als Befehlsempfänger reagiert sofort, ob wir nun in Gefahr sind oder nicht.

Angst = sehr starkes Gefühl = Reaktion

Übertrieben gesagt, fühlen wir uns vielleicht ständig in Lebensgefahr und wissen nicht warum, rennen aus Verzweiflung den Ärzten die Türen ein und hoffen auf ein Wunder.
Leider können die Mediziner auch nicht hinter die Fassade schauen und stellen auf gut Glück Diagnosen, die dann lauten: „Psychosomatische Störung, Angststörung, Neurose, Depression."
Bravo!

Ich schreibe das ganz bewusst so provokativ, weil es bei mir genauso geschah.
Kein Arzt konnte sich meine Todesangst nach meinem Unfall/ Operation erklären.
Wie auch?

Werden schließlich aus Kostengründen nur die Symptome unterdrückt und niemals nach der Ursache in der Tiefe geschürft.

Eine Dosis Medikamente wird das Ganze schon richten, denken Sie positiv, auf Wiedersehen!
Es gibt keine Lösung, dafür noch mehr Probleme.

Das gewünschte Wunder existiert in dem Fall nicht.
Dafür müssen wir schon selbst sorgen und daran scheitert es meist auch, aus Angst.
Die Wenigsten gehen ihrer Angst auf den Grund, weil sie es einfach schlicht und ergreifend nicht besser wissen und sowieso schon in Todesangst leben.
Das ist ein Teufelskreis.
Angst schafft Sorgen, Sorgen machen krank.
Das meine Lieben ist eine Tatsache! Ich kann das beurteilen, denn ich litt jahrelang unter Ängsten und Sorgen ohne nennenswerte Erklärung.
Wie ein Sandkorn in der Wüste fühlt man sich. Allein, verloren und ängstlicher denn je mit ein paar farbigen Pillen in der Hand und bestenfalls lauert noch der Säbelzahntiger und setzt zum Sprung an. 😊

Ich bin krank ....
habe meine Symptome gegoogelt...
Pest,
Borkenkäfer oder
die Zylinderkopfdichtung!

Autor unbekannt

Die Angst flüsterte mir
einst leise ins Ohr:
„Ein Sturm wird aufkommen,
dem Du nicht standhalten kannst.

Du bist nicht stark genug.“

Heute flüstere ich
der Angst zu:

„Ich bin der Sturm!“

Bahar Yilmaz

Aufgeben ist aber keine Option.
Aus dem verlorenen Sandkörnchen kann auch ein gewaltiger Sandsturm entstehen.
Klingt paradox, wie wenn man versucht Glühbirnen auszublasen, aber so ist es nicht.

Viele leiden seit Jahren unter Angstzuständen und schlucken Pillen, ganze Pillencocktails (ich auch) ohne großen Erfolg.
Warum?
Keiner möchte sich gern mit sich selbst auseinandersetzen.
Mit Sicherheit sind nach dieser Aussage alle empört, die roten Lampen blinken und ich werde verteufelt.
Gut, irgendwer muss am Ende der Schuldige sein. Aber Hand aufs Herz, so ändert sich rein gar nichts.

Manchmal muss man eben einen gewagten Schritt tun, um festzustellen, dass hinter der Angst die Freiheit wohnt.

Ja, ich kann nicht pauschal sagen, dass jeder Mensch gleich ist. Behaupte ich auch nicht.
Nein, ich habe die Weisheit nicht mit Löffeln gefressen.
Ich berichte aus meinen eigenen Erfahrungen und das ich es geschafft habe, meine Ängste zu besiegen.
Mir ist völlig bewusst, dass das ein heikles Thema ist und nicht leicht, aber von Schuldzuweisungen wird es nicht besser. An der eigenen Nase packen.

Angst verstehen und nutzen

Entscheidungen, die unser Leben verändern und uns aus dem sicheren Hafen (Komfortzone) führen, machen uns Angst.
Im übertragenen Sinn suggeriert uns die Angst eventuell, dass wir nicht überleben oder Schmerzen erfahren werden. Aus diesem Grund bleiben wir krampfhaft, womöglich starr vor Angst, da wo wir sind und lassen uns auf nichts Neues ein.

Genau aus diesem Grund versauern wir lieber im Job, der uns langweilt und nicht weiterbringt. Oder konsumieren lieber Medikamente, die nur die Symptome unterdrücken, jedoch nicht die Ursache darstellen. Oder bleiben in einer Beziehung, aus Angst allein zu sein.
Oder, oder, oder ... es gibt genügend Beispiele.
Dummerweise sorgt unser perfekter Überlebensinstinkt dafür, dass wir leben, aber unglücklich sind.

Guter Rat ist teuer!

Es gibt allerdings eine Kraft, die alles schafft!
Die Rede ist natürlich von der Liebe. Die Liebe zu uns selbst, befreit uns aus der Angst.

Selbstverständlich meine ich nicht, dass man mit verliebten Rehäuglein durchs Schlüsselloch schielt und hinter der Tür lauert die Freiheit.
So einfach ist es nicht, wir **müssen aktiv werden.**

Erfolg ist eine Treppe und keine Tür. Diese Treppe muss Schritt für Schritt bestiegen werden und solange die Angst unterbewusst unser Verhalten steuert, haben wir keinen Einfluss darauf und werden blockiert.
Die Tür bleibt weiterhin zu.
Liebe ist der Schlüssel, der von INNEN steckt. Sie schafft Vertrauen, trotz der Angst neue Wege zu gehen.
In dem Moment, in dem wir die Angst zulassen und sie nicht als Gefahr ansehen, verliert sie die Macht über uns.
Oha, Ängstlichkeit zu lassen?
Ja, zu lassen, aber nicht vermeiden!

Du fragst Dich sicherlich: „Aus welchen Grund sollte ich mich in diese Situation bringen, von der ich mich so fürchte?“
Ganz einfach, weil das die einzige Methode ist, die Angst hinter Dir zu lassen.

Zeig´ Deinen inneren Dämonen, wer die Hosen anhat!
Wachse daran oder lass Dich klein halten.
Nur DU kannst Dich da herausholen.

Das Leben beginnt dort, wo die Angst endet! OSHO

Begegne der Zukunft nicht mit Angst ...

.... sondern mit Hoffnung!

Autor unbekannt

Mitmach-Challenge

Sei ehrlich zu Dir selbst!

Wir sind geworden, wie wir sind, auch durch Erfahrungen, die wir nie machen wollten. unbekannt

Welche Erfahrung hast Du gemacht, die Dir Angst bereitet und welche Entscheidungen triffst Du deshalb nicht mehr? Schreib´ auf!

Prüfungsangst - keine mehr seit 3 Jahren gemacht
Angst zu sagen, was ich denke (bei der Müller Sippe) - sage nichts mehr
Höhenangst - nicht mit Gondel gefahren

Eine Technik aus dem NLP (Neuro-Linguistisches-Programmieren).

Beschreibe Deine Angst. Wie fühlt sie sich an, welche Farbe hat sie, welche Form, wo fühlst Du sie am stärksten im Körper? Ist sie laut oder leise? Heiß oder kalt? Je genauer, umso besser ... schließe die Augen und höre in Dich hinein.

es klopft alles in
mir, sie ist heiß
& ich denke ich
kann nicht reden,
bin unsicher.
für mich ist sie
sichtbar, für andere
wirke ich eher steif

Hast Du Deine Angst aufgespürt, dann fühle sie, atme eine Weile ruhig ein und aus.
Bewerte sie nicht, lasse sie einfach zu und erkenne sie.
Versuche sie 1 - 2 Minuten zu spüren.
Du schaffst das!
Du bist stärker, als Du denkst!

Augen können nur leuchten, wenn es etwas gibt, was das Innere zum Leuchten bringt.
Spüre die Kraft, strahle wie die Sonne.

Glückwunsch, nun hast Du der Angst die Macht genommen, sie zugelassen und nicht vermieden. Nun verabschiede Dich von der Angst und sei Ihr dankbar, denn sie wollte Dich nur beschützen.
Lass´ die Angst los, die Liebe zum Leben ist ab jetzt Deine Quelle der Kraft.

Sei stolz auf Dich!

Ein Hinweis an dieser Stelle.
Es wird nicht sofort funktionieren, vielleicht braucht es einfach länger, bis Du Dich darauf einlassen kannst.
Bei mir dauerte es auch einige Zeit.
Das ist nicht schlimm, nur versuche es immer wieder.
Gib 'nicht auf!

Notiere Dir jetzt, was sich für neue Möglichkeiten in Deinem Leben ergeben werden ohne Angst, voller Mut und Vertrauen.

Trau´ Dich! Alles was Du willst, ist auf der anderen Seite der Angst.

- Starke,
- selbstsicheres Auftreten
- selbstwert gefühl steigert sich
- Lebensfreude kommt
- Energie fließt

Wiederhole diese Challenge immer wieder, wenn die Angst zurückkommt und lass´ sie los.

→ 21 Tage Formel!

Etwas im Leben hinter sich
zu lassen,
bedeutet nicht,
dass man es vergisst.

Es bedeutet nur,
dass man akzeptiert
was geschehen ist und
weiter lebt.

Autor unbekannt

Das beste Rezept

Patient: „Herr Doktor, ich fühle mich nicht gut, kann mir aber nicht erklären, woran es liegen kann."
Arzt: „Meditieren Sie jeden Tag für 20 Minuten, machen Sie täglich 30 Minuten Sport, bewegen Sie sich mehr draußen in der Natur, genießen Sie häufig die Sonne, essen Sie 7-10 Hände Gemüse und Obst, voll reif und in Bioqualität jeden Tag, trinken Sie 2 Liter Wasser, hören Sie keine Nachrichten mehr, schalten Sie den Fernseher nicht mehr ein und hören Sie auf, sich Sorgen zu machen um Dinge, die Sie nicht ändern können!

Kommen Sie dann in drei Wochen wieder!"

Dr. Susanne Vornweg

Glücklichsein

Glück!

Wo hast Du das gefunden,
ich hab´ schon überall
danach gesucht?

Hab´ ich selbst gemacht!

Autor unbekannt

Nimm Dir genügend Zeit für Dinge, die Dich glücklich machen. Autor unbekannt

Die Frage ist doch, was macht uns richtig glücklich?
Ist es Reichtum verbunden mit viel Geld?
Sind es Menschen?
Sind es Dinge?

Der Soziologie Professor Ruut Veenhoven definiert Glück als Lebenszufriedenheit. Als Maß, in dem ein Mensch seine Lebensqualität positiv bewertet und sein Leben schätzt.
Somit ist Glück eine Einstellungssache und jeder kann es selbst beeinflussen!

Was die meisten jedoch nicht wissen oder nicht bemerken, dass man sich viel zu oft selbst im Weg steht. Es sind nicht die Umstände um einen herum, die uns unglücklich machen, sondern die Gleichgültigkeit es nicht zu ändern.
Wir schreiben lieber das altbekannte Buch unseres Lebens weiter, belasten uns mit Sorgen, machen uns ständig Gedanken, weisen uns Schuldgefühle zu und zweifeln an allem.
Kurzum, manche würden lieber eine Giraffe von Noahs Arche werfen, als Ihr Glück selbst zu bestimmen. „Bildlich gesprochen“.

The story isn´t over yet ;

Ein Semikolon repräsentiert einen Satz, den der Autor beenden könnte, aber sich dazu entschieden hat, es nicht zu tun.
Dieser Autor bist Du und der Satz ist Dein Leben.

Sei der Autor Deines Lebens, schließe das alte Kapitel ab und schreibe das Buch Deines Lebens neu oder glücklich zu Ende.

365 leere Seite und 12 Kapitel.

Was steht Deinem Glück noch im Weg?
Das Leben ist viel zu kurz, um das Glück auf später zu verschieben.

Vermeide nachfolgende Punkte.

Auf die Plätze! Glücklich los!

1. **Warte nicht auf den perfekten Moment**

„Eigentlich möchte ich meinen Job kündigen, der mich unendlich langweilt, aber es ist gerade nicht der richtige Zeitpunkt."
Wann ist denn der richtige Zeitpunkt?
Wenn ein Polarlicht scheint, wenn die Wolken lila sind, wenn der Skorpion im dritten Haus steht oder Ostern und Weihnachten auf ein Datum fallen?
Es wird nie den richtigen Zeitpunkt geben, da es plötzlich 1000 Gründe gibt, die dagegensprechen.
Die meisten Menschen warten den gesamten Tag auf den Abend.
Die gesamte Woche auf den Freitag.
Das gesamte Jahr auf Urlaub.
Ihr ganzes Leben auf bessere Zeiten.
Und in all dem Warten, verpassen sie ihr Leben zu leben.

Erfolgreiche, glückliche Menschen warten nicht auf den richtigen Moment, sie nutzen den Moment und machen ihn richtig.

Wach´ auf und lebe ...

2. Hör auf zu jammern

Jammer nicht, lebe!

Du kannst Dir die Welt nicht besser jammern.
Nervt Dich Dein Job, dann kündige.
Leidest Du in Deiner Beziehung, so ändere etwas oder beende sie. Du bist unzufrieden mit Deinem Körper, dann treibe Sport und stelle Deine Ernährung um. Hast Du keine Zeit für Freizeit, dann nimm sie Dir. Ärgert Dich das Wetter, zieh´ Dich richtig an. Es könnte so einfach sein, wenn nicht alles so kompliziert wäre.

JAMMERN ändert nichts an Deiner Situation,
MACHEN dagegen alles.

Es gibt viele Wege zum Glück, einer davon ist aufhören zu jammern. Einstein hatte recht, vergeude Deine Zeit nicht mit Gejammer. Bestimmt fallen Dir viele Gründe ein, einfach so weiterzumachen, aber dann tust Du es schon wieder. „Ich kann aber meinen Job nicht kündigen, wie soll ich meine Miete bezahlen?“ oder „meine Partnerschaft macht mich nicht glücklich, dann bin ich allein!“
Wer WILL findet Wege, wer NICHT will Ausreden!
Es liegt nur an DIR!

Take it or leave it!

3. **Erfülle nicht Erwartungen anderer Menschen**

Du musst tun, was Du für richtig erachtest, auch wenn Deine Oma, Deiner Mutter oder Deine Freunde Dich lieber mit einer ordentlichen Frisur als mit grünem Iro, lieber hinterm Schreibtisch als mit Mikrofon auf der Theaterbühne sehen würden oder lieber im Familienunternehmen vor Ort als im Gebirge als Bergführer und schon gar nicht mit der Frau/ dem Mann an Deiner Seite.

Wenn Du immer tust, was andere von Dir erwarten, dann vergrabe Deine Träume in den Tiefen Deines Kopfes.
Auf diese Weise bist Du zwar jeglicher Diskussion aus dem Weg gegangen, aber hast Du Dein Leben mit Freude und Glück und nach Deinen Vorstellungen gelebt?
Nein, sicherlich nicht.
Hör´ auf die Erwartungen anderer Menschen zu erfüllen und bestimme selbst, wie Du glücklich leben willst!
Kämpfe um die Dinge, die Dein Leben zu etwas besonderem machen und Dich selbst happy.

Sei anders als erwartet, selten wie vermutet und erst recht nicht, wie andere Dich gerne hätten.

4. Vergleiche Dich nicht

Dein Nachbar kauft sich ständig neue Autos, während Du immer noch die abgelegte Ente Deines Großvaters fährst. Deine Freundin hat 20 Kilo abgenommen und Du bekommst kein Gramm Speck weg. Und Dein bester Kumpel ist erfolgreich im Job, während Du um jeden müden Cent mehr kämpfst.

Kein Wunder also, dass Du Dich beschissen fühlst, da es allen um Dich herum besser zu gehen scheint.
Soll ich Dir was verraten?
Der Schein trügt oftmals und es ist auch völlig „Banane“ was die Leute haben und was nicht.
Es geht nur um Dich!
Hast Du Deine Lebensentscheidungen schon einmal hinterfragt? Warum verdienst Du nicht mehr als einen Appel und ein Ei, warum hast Du noch Opas Auto und warum passen Deine Hosen immer noch nicht?
Darauf sollte der Fokus liegen.
Du kannst nicht glücklich leben, wenn Du ständig darauf lauerst, was andere haben oder wie sie leben!

Respektiere Deine Einzigartigkeit und hör´ auf Dich zu vergleichen! *OSHO*

Es wird immer Leute geben, die reicher, schöner, schlanker oder erfolgreicher sind als Du.
Wenn Du das Gleiche willst, dann bringe denselben Einsatz!

Kneif´ die Arschbacken zusammen und handle.

Ohne Fleiß kein Preis! Wenn Du dazu nicht bereit bist, dann lasse es und sei damit zufrieden was Du alles hast. Aber hör´ auf, Dich ständig zu vergleichen! Blicke auf Deine Stärken und was Du schon alles erreicht hast, mehr zählt nicht.

SEI DU SELBST! ALLE ANDEREN GIBT ES SCHON.

Oscar Wilde

5. Lebe nicht in der Vergangenheit

Die Vergangenheit ist Geschichte, die Zukunft ein Geheimnis und jeder Augenblick ist ein Geschenk.

Jeder von uns hat sein Päckchen zu tragen, daran ist nichts zu ändern.
Erlebte Enttäuschungen, traumatische Erfahrungen oder schlimme Verletzungen schlummern jahrelang in unserem Gedächtnis und kommen ständig wieder an die Oberfläche.
Träume von den guten alten Zeiten (z. B. erste große Liebe, guter Job, Liebesbeziehungen) heben aber nur kurzfristig Deine Laune, bis die bittere Erinnerung an das verfluchte Ende auftaucht. Der damals erlittene Schmerz flammt wieder und wieder in Dir auf. Dadurch verbaust Du Dir das Wichtigste, das Leben im Hier und Jetzt.
Warum?

Womöglich nutzt Du unbewusst das Trauma als Schutz, um Mitleid oder Zuspruch zu erhalten oder als Rechtfertigung, wenn es wieder einmal nicht rund läuft. Das ist nicht nur belastenden, sondern raubt wertvolle Energie und hindert Dich daran, in der Gegenwart zu existieren.
Man kann die Vergangenheit nicht ändern, die Gegenwart und Zukunft jedoch schon. Befreie Dich von der Schuld, die auf Deinen Schultern lastet. Rede mit Freunden oder Verwandten, wenn Dir das hilft und versuche aus Deinen Fehlern zu lernen. Die Vergangenheit ist ein Teil von Dir, doch darf sie Dir Dein aktuelles Leben nicht diktieren.
Was vergangen ist, ist vergangen.
Bums aus Micky Maus!
Das klingt hart, aber genauso ist es, glaub mir.
Du kannst die Zeiten nicht zurückdrehen, egal wie sehr Du Dich bemühst. Es ist vorbei.
Also schließe ab mit dem was war und akzeptiere Deine Vergangenheit als Teil Deines Lebens, nutze sie als Weisheit und lerne daraus.

6. **Fokussiere Dich nicht auf Negatives**

Es ist wie es ist und wird, was Du daraus machst. Terroranschläge, Flüchtlingskrise, Verbrechen, Naturkatastrophen, CO2- Steuer und Hunger in der Welt. Die Nachrichten sind voll damit.

Seit Tagen regnet es, die Mama Deines Mannes ist schwer erkrankt, Dein Auto hat einen Platten und Dein Chef streicht Dir auch noch den Urlaub.
Ja Du hast recht, die Welt ist wirklich furchtbar schlecht!
Aber auf Regen folgt auch Sonnenschein.
Wo Schatten ist, da ist auch Licht. Wo Gutes ist, da ist auch Schlechtes.
Zurückzuführen auf das Gesetz der Polaritäten, welches besagt, alles in der Welt hat zwei Pole.
In der Zwei teilt sich das Eine.

Keine Angst, wir tauchen nicht in die Welt von Matrix 3.0 ein.
Was ich damit sagen will ist, es liegt an Dir glücklich zu sein, das Positive in Deinem Leben zu sehen und Dich nicht auf das Negative zu fokussieren.
Du kannst eine Mediendiät machen, um die Horrorgeschichten aus dem TV nicht ständig vor der Nase zu haben.

Du kannst das „nicht" in all meinen Punkten überlesen, damit es keinen negativen Touch gibt.
Es ist mir bewusst, dass viele Leser/ innen diese Negation ankreiden, aber darum geht es ja!
Es wird, was Du daraus machst.
Und Du kannst anfangen darauf zu achten, was alles gut läuft in Deinem Leben und dankbar dafür sein, wie schön es doch ist.

Stay positiv!

7. Sieh Dich nicht als Opfer

Deine Kindheit verlief alles andere als rosig. Nun bist Du voreingenommen und denkst, Du wirst ausgenutzt und missverstanden.
Du fühlst Dich nicht gut genug und hässlich.
Ja, das ist echt scheiße und hat Dich sicherlich geprägt.
Du wirst bestimmt härter an Dir arbeiten müssen als andere, aber willst Du das bis zum Ende Deiner Tage immer als Entschuldigung nehmen???

Nein, mach´ Dir Dein Leben nicht selbst zur Hölle.
Willst Du glücklich leben, dann sieh Dich nicht als Opfer Deiner Umstände. Gerade wenn es im Außen schlecht läuft, sorge dafür, dass Du Dich in Deinem Inneren gut fühlst.
Sei für Dich da, wenn niemand sonst es ist.
Gönn´ Dir etwas.
Setzt Dich ins Auto, mache eine lange Fahrt mit guter Musik, einfach so, meditiere, geh´ bummeln, triff Dich mit guten Freunden oder geh´ in den Wald und genieße die Stille und den Duft der Bäume.
Ja, das Leben ist nicht immer einfach, davon war auch niemals die Rede – aber es ist alles möglich, wenn Du ins Tun kommst.
Ich versichere Dir, es wird sich lohnen!
Du hast es in der Hand.

8. Du musst nicht perfekt sein

Wir alle machen Fehler und sind nicht perfekt, denn fürs Leben gibt es schließlich keine Gebrauchsanweisung. Misserfolge sind keine Todsünde, auch wenn es in unserer auf Perfektionismus ausgerichteten Welt viele nicht so sehen.
Du wirst nicht dafür geliebt einen perfekt selbstgebackenen Kuchen aufs Tablett zu zelebrieren oder das Deine Kinder aussehen wie aus dem Ei gepellt oder Dein Erscheinungsbild dem eines Modejournals gleicht.
Nein, Du wirst dafür geliebt, weil DU bist, wie DU bist - perfekt unperfekt – mit selbst gekauften Kuchen, dreckigen und glücklichen Kinder und einer zerzausten Frisur.
Den Stress machst Du Dir nur selbst.

Das Leben ist ein Ponyhof.

Ich habe so viele Fehler in meinem Leben gemacht, dass ich ernsthaft darüber nachdenke noch mehr zu machen, weil ich daran gewachsen bin und selbstbewusster geworden bin.
Jede Niederlage, jeder Fehler, jeder Misserfolg schafft Raum für neue Ideen.
Geh´ raus mach Fehler, sei glücklich und genieße Dein für Dich (un)perfektes Leben.

Ein glückliches und erfülltes Leben besteht aus zwei Dingen, nämlich Lebensfreude und dem Sinn des Lebens. Der Lebenssinn bedeutet, dass wir mit uns selbst im Reinen sind, Ziele und Träume haben, die unseren Werten entsprechen, dass wir uns SELBST kennen und akzeptieren, dass wir glücklich und zufrieden sind und der stetige Wunsch nach Weiterentwicklung.

Lebensfreude bedeutet, dass wir sehr oft Sachen machen, die uns glücklich machen, wie z. B. mit Freunden um die Häuser ziehen, gut essen gehen, tanzen, Sport machen, kuscheln, küssen, ans Meer fahren und den Sonnenuntergang bewundern, lesen, verreisen, spazieren gehen, etc. ...

Zufriedene Menschen genießen beides in ihrem Leben und füllen nicht nur die Leere in Ihrem Leben mit Ablenkung.
Machen wir uns nichts vor, dadurch wird es nicht besser.

Es ist dann völlig egal, ob Du heute wie Kleopatra in teurer Honigmilch badest, Workaholic bist, morgen einen über den Durst trinkst, 24 Stunden am PC zockst, eine Serie nach der anderen auf Netflix guckst, stundenlang auf Instagram bist oder sogar Rauschmittel konsumierst u. a.
Am nächsten Tag bist Du genau derselbe Mensch wieder, vielleicht mit einem fetzen Kater oder
schlimmeren und wirst Dich eines Tages fragen, warum überhaupt noch aufstehen??

Gib´ Deinem Leben einen Sinn!

Du schuldest Deinen Träumen ein Happy End!

Also, lass´ uns glücklich sein!

Hör´ auf mit Ausreden, Du kannst alles erreichen, wenn Du willst.

Ein Wanderer trifft einen Schäfer und fragt ihn:
“Sie können mir sicher sagen, wie heute das Wetter wird?”
Der Schäfer überzeugt:
“Genau so, wie ich es gerne habe.”
Der Wanderer etwas verdutzt:
“Woher wissen Sie, dass es genau so sein wird?”
“Mein Freund, meine Erfahrung hat mir gezeigt, dass ich nicht immer das bekomme, was ich mir wünsche.
Deshalb habe ich gelernt, stets das zu mögen, was ich bekomme.
Und so bin ich mir sicher, das Wetter wird heute so sein, wie ich es mag.”

Was immer geschieht, es liegt an uns, Glück oder Unglück darin zu sehen.

Zeitblueten.com

Als ich fünf war, hat meine
Mutter immer gesagt, dass das Wichtigste
im Leben sei, glücklich zu sein.

Als ich in die Schule kam, baten sie mich
aufzuschreiben, was ich später einmal
werden möchte.

Ich schrieb: „glücklich“

Sie sagten mir ich hätte die Frage nicht
richtig verstanden.
Ich antwortete ihnen, sie hätten das Leben
nicht richtig verstanden.

John Lennon

Mitmach-Challenge

Erkenne das Problem - was steht Deinem Glück im Weg? Schreib´ es auf.
Der erste Schritt ist, zu erkennen, woran es liegt (Job, Partnerschaft, Selbstzweifel ...)
Dann suche Wege, um das, was Deinem Glück im Weg steht zu verändern.

Lass Dir damit genug Zeit.

Glücklich sein bedeutet nicht das
Beste
von allem zu haben, sondern
das
Beste
aus allem zu machen!

Autor unbekannt

Ich kann es nicht oft genug wiederholen,
Dein Leben hat ein Ablaufdatum!

Mitmach-Challenge

Steck´ Dein Ziel für eine bessere Zukunft – wie willst Du leben?
Sei ehrlich zu Dir, wie möchtest Du leben, wo und mit wem? Was bereitet Dir Freude, welche Hobbys möchtest Du zukünftig in Dein Leben integrieren? Fragen über Fragen ... hör´ erst dann auf Dir Fragen zu stellen, wenn Du eine Vorstellung davon hast, wie Dein ideales Leben aussehen soll ... **und** dann baue darauf auf.
Mach Dir Notizen!

- meine freie Praxis -
- ~~Pat~~ die ich mir aus-suche
- Menschen die positiv denken
- Spaß am Leben -
- Auspowersport finden -

Beginne jetzt!
Fange klein ein, aber bleibe am Ball.
Dein Leben wird sich verändern, wenn Du es wirklich willst.
Aber sei gewarnt!
Es wird sicherlich Kritik hageln und Widerstände geben, Du wirst Dich eventuell von Menschen lösen müssen oder umgekehrt. Du musst Gewohnheiten ändern und einige Entscheidungen hinterfragen. Das wird Dir nicht gefallen, ich kenne das.
Du wirst mit unangenehmen Fragen bombardiert.

„Was ist nur aus Dir geworden?"
Deine Antwort: „ICH, endlich!"

Trau Dich, sei stolz auf Dich!
Sei es Dir wert glücklich zu sein.
Du hast nur dieses eine Leben!

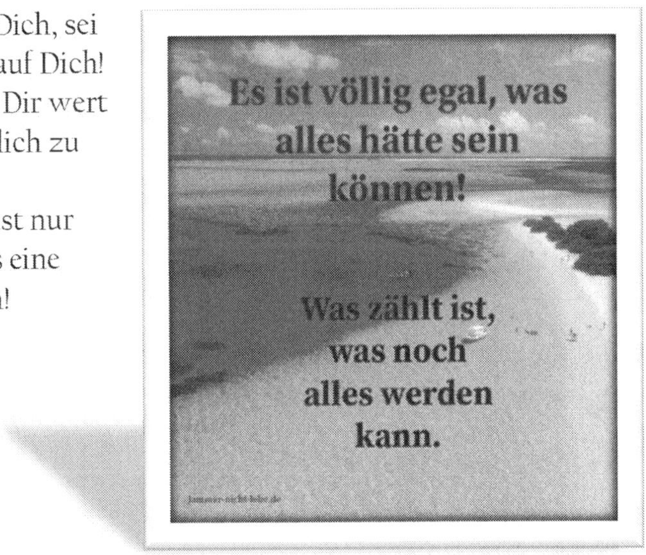

Nimm Dir jeden Tag mindestens eine Stunde Zeit für Dich.
Das ist ganz und gar nicht egoistisch. Ich dachte anfangs genau das Gleiche.
Die bittere Wahrheit ist meistens: „Keine Zeit“, ist lediglich eine Ausrede, weil es nicht wichtig genug ist und Du vielleicht andere Prioritäten hast.

Dann lass´ Dir eins sagen, das Leben besteht immer aus Prioritäten, weil Du immer die Wahl hast.
Mach´ Dich zur Priorität Nummer 1!

Die modernste
Form
menschlicher Armut
ist
das
KEINE-ZEIT-HABEN!

Ernst Ferstl

Selbstmotivation

Manchmal zeigt sich der
Weg
erst dann,
wenn man
anfängt ihn zu gehen.

Paulo Coelho

Jetzt kommt der Tritt in den Hintern und Bewegung ins Lebensspiel.

Was ist Motivation?
Motivation ist der Motor, der Dich antreibt.
Böse Zungen behaupten ja, dass bei ihnen die Motivation nackig auf der Wiese herumläuft und sie deshalb nicht in die Spur kommt.
Dann habe ich genau das Richtige für Dich.
Maximale Motivation.
Es gibt zwei Arten der Motivation, die Innere (intrinsische) und die Äußere (extrinsische).

Ganz kurze Erklärung zum Verständnis:

- Innere Motivation kommt von Dir, also Dein eigener Wille – Du willst etwas erreichen, oder in gewissen Dingen besser werden.
- Äußere Motivation sind alle Einflüsse von außen – Geld verdienen, Lob zu kassieren, Konflikte vermeiden, Erfolg haben u. v. m.

Das Heimtückische daran ist, dass die Motivation von außen, immer mit einer Bestätigung (Lob, Anerkennung, Belohnung) von anderen quittiert werden will.
Fällt diese aus, rasselt die Motivation auf den Nullpunkt und rennt wieder auf der Wiese umher.
Deine innere Motivation steht Dir hingegen immer zur Verfügung.

Los geht's, starten wir den Motor und befüllen ihn mit reichlich Treibstoff.

- Motivation beginnt im Kopf
- Alles eine Frage der Einstellung, eine Kopfsache. Wenn Du erst gar nicht daran glaubst, dann wirst Du nichts dafür tun.
  Richte Deine Gedanken auf Erfolg aus, so startest Du Deine innere Motivation.
  Schon morgens nach dem Aufwachen kannst Du den Erfolgsmotor anwerfen, in dem Du Dir Deinen Tag bildlich vorstellst. Visualisiere ihn.
  Nimm Dir fünf Minuten Zeit und gehe im Geiste Deine Aufgaben durch und wie erfolgreich Du sie bewältigst. Das schafft Tatendrang und positive Energie.
  Nutze es täglich als Morgenroutine.

- Eat the frog
- Über diese Methode gibt es auch ein Buch von Brian Tracy. „Friss" die schwierigste und für Dich schlimmste Aufgabe zuerst, damit schaffst Du Dir ein gutes Gefühl und schiebst diesen Ballast nicht den lieben langen Tag vor Dir her.

Ein Beispiel:

Ich hasse Bügeln, wer tut das nicht. Durch diese Taktik aber habe ich es geschafft, den fetten Frosch schon vormittags zu fressen und motiviert den restlichen Tag mit Aktivitäten zu verbringen, die mir Freude bereiten. Ich nutze diese Methode für alles, was ich nicht gerne tue und erhalte dadurch immer einen positiven Kick.

- 45/15 Regelung
- Wenn Du besonders unter Druck stehst und unbedingt etwas fertig machen musst, dann nutze diese Regel.
  Das bedeutet Du tust exakt 45 Minuten genau das, was Du tun musst und anschließend 15 Minuten genau das, was Du tun willst.
  In der Praxis sieht das folgendermaßen aus:
  Volle Konzentration auf Deine Arbeit - 45 Minuten, egal wie weit Du kommst oder auch nicht.
  Konsequent unterbrechen (stell Dir einen Wecker) und 15 Minuten Pause und Spaß.
  Erstaunlich wie produktiv und motiviert die Arbeit verläuft, wenn man sich auf eine viertel Stunde Vergnügen freut.
  Ich empfehle Dir wirklich einen Wecker zu stellen, so hast Du den nötigen Ansporn.

  Probiere es unbedingt aus!

- Künstlicher Zeitdruck
- Wir selbst sind unser größter Gegner, wenn es um Motivation geht.
  Ich würde sogar sagen, wahre Meister im Ausreden erfinden.
  Ich kenne das, ich bin selbst so ein Exemplar.
  Da hilft nur eines, eine Deadline festlegen und kontrollieren lassen. Dadurch machst Du Dir selbst Druck und kreierst eine äußere Motivation.
  Bitte Familienmitglieder darum, Dich zu unterstützen.
  Setze Dir selbst Termine für Deine Aufgaben, schreibe sie in einen Kalender.
  Aber bitte nicht im stillen Kämmerlein, wo vielleicht nur der Hund daran schnuppert.
  Um den Termindruck zu erhöhen, natürlich gut sichtbar.

  Unterschätze nicht, wie kraftvoll solche selbst gesetzten Termine wirken, wenn Du damit ernst und ehrlich umgehst.
  Für größere Vorhaben würde ich die Salami Taktik empfehlen, scheibchenweise vorgehen und die Aufgaben in Teiltermine zerlegen.

⅄ Erfolgsbuch

➢ Anerkennung, Lob und Belohnungen lassen unser Gehirn Glückshormone ausschütten.
Das fühlt sich einfach gut an und motiviert uns zu mehr.
Ein super Motivator ist ein Erfolgsbuch.
Da schreibst Du **alles** hinein, was Du geschafft und erreicht hast.
Sei nicht zu bescheiden, auch Kleinvieh macht Mist.
Selbst wenn es nur ein Workout ist oder eine Zigarette weniger am Tag.
Klopfe Dir ruhig selbst ´mal auf die Schulter und belohne Dich regelmäßig für Deine Erfolge.

Ob Du es glaubst oder nicht, ich liebe mein Erfolgsbuch. Du musst nur fünf Minuten Deiner Zeit am Abend investieren, um die Erfolge des Tages aufs Papier zu bringen und damit motivierst Du Dich zu noch mehr.

⅄ Listen schreiben

➢ Listen schreiben, ein Klassiker für mehr Produktivität.
To-do-Listen sind eine einfache und übersichtliche Aufstellung von Aufgaben, die nur darauf warten abgehakt zu werden.
Ein Selbstmanagement mit Erfolgskontrolle.

- Bucketlist oder auch Löffelliste genannt, *was will ich noch alles tun, bevor ich den Löffel abgebe.* Bekannt aus dem Film „Das Beste kommt zum Schluss".
  Der Sinn dieser Liste ist gar nicht der Inhalt, sondern die Symbolkraft dahinter.

  Mach´ was aus Deinem Leben, verwirkliche Deine Wünsche, Deine Ideen und halte sie auf Deiner persönlichen Löffelliste fest.
  Eine Bucketlist motiviert, fokussiert und gibt Dir einen weiteren Grund, mit Motivation in die Zukunft zu blicken.
  Eine Bucketlist ist also eine super To-do-Liste für Dein Leben.

Dir fällt nichts ein, was Du in Deinem Leben noch alles tun willst?
Lass Dich inspirieren: Fallschirm springen, surfen oder mit Delphinen schwimmen, Diner in the dark, Musikinstrument lernen, Haus mit weißem Gartenzaun, Länder bereisen, Baumhaus
Übernachtung, Iglu bauen, Gordon Ramsey treffen, Walk of Fame besuchen, barfuß im Regen tanzen, Segway fahren, 20 Kilo abnehmen, Rauchen aufhören, Karaoke singen, Spenden sammeln für einen guten Zweck, 24 Stunden tun was man will,
Selbstständigkeit, Millionär werden, Bodo Schäfer treffen ... u.v.m

BAD DAY - Demotivation

- Auch das schlüssele ich hier unter Selbstmotivation auf.
  Wollen wir die Kirche im Dorf lassen, denn es gibt Tage, da hilft alles nichts.
  Tote Hose, Ende Gelände, out of order oder whatever ... jeder Tipp jede Anregung, jedes noch so gut gemeinte Wort, verläuft im Sand.
  Gut, dann nimm Dir eine Auszeit, feiere Überstunden ab, gehe eher nach Hause oder gammel einfach mal einen Tag auf dem Sofa herum oder sonst wo.
  Nutze solche Tage für Dich und mache das Beste daraus ohne schlechtes Gewissen.

  Jeder hat solche Tage, basta!

Motiviere Dich selbst! Sonst macht es ja keiner!

Was ich Dir noch unbedingt mit auf den Weg geben möchte ist, wir alle sind verschieden und reagieren anders auf Motivationtipps.
Die einen fühlen sich sofort motiviert und legen los, andere hingegen bremst es eher aus.
Es ist wichtig für Dich selbst herauszufinden, was bei Dir funktioniert und was nicht.

Und das bezieht sich eigentlich auf alles in Deinem Leben, es gibt kein Patentrezept nur Hilfestellungen.
Wichtig ist, dass Du ins Tun kommst.
Stark zu sein bedeutet nicht, niemals zu fallen, sondern immer wieder aufzustehen. Autor unbekannt

Mitmach-Challenge

Schreib´ Dir Deine Bucketlist

Was will ich noch tun, bevor ich den Löffel abgebe?

im Regen tanzen,
Musikinstrument
lernen,
reisen,
Kloster,
Millionär werden
oder besser reich sein,
3 glückliche Kinder
Rauchen aufhöre
oder besser keine
Zigarette mehr anfassen

Dankbarkeit

Es sind nicht die
Glücklichen
die dankbar sind,
es sind die
Dankbaren,
die glücklich sind.

Sir Francis von Verulam Bacon

Dankbarkeit ist der Schlüssel zur Schatzkammer unseres Lebens.
Der römische Redner und Konsul Cicero bezeichnete Dankbarkeit vor mehr als 2000 Jahren als *„Größte aller Tugenden"* und *„die Mutter aller Tugenden"*.

Dankbarkeit ist aber weit mehr als ein EINFACHES „Dankeschön", wenn Dir jemand einen Gefallen getan hat. Es ist ein Lebensgefühl, eine Lebenseinstellung.

Leider konzentrieren wir uns im alltäglichen mehr auf die negativen Dinge als auf die Positiven und so geht uns ein Teil der Lebensfreude verloren.
Sei ehrlich, wie oft hast Du Dich heute schon beschwert? Über das Wetter, die Arbeit, die Schule, das Leben, das Aufstehen ... etc.

Schon allein die Tatsache, dass wir uns ständig Beschweren und alles für selbstverständlich halten, ist nicht die Regel.
Die Realität sieht nämlich anders aus, denn es ist keineswegs normal, dass es uns so gut geht, wenn man die Nachrichten verfolgt.
Ebenso ist es mit der Gesundheit. Es ist ein Privileg morgens fit und vital aus dem Bett zu steigen und ins Bad zu gehen.

Auch mir wurde das erst bewusst, als ich nach einer Operation nicht mehr selbstständig aufstehen konnte.

Das sind dann die Momente, in denen man merkt, dass nichts selbstverständlich ist und jeder weitere Tag voller Gesundheit ein Geschenk ist.
Schlimm, dass immer erst etwas passieren muss, um zu wissen, wie dankbar man eigentlich sein müsste.

**Wer sich über das freut,
was er hat, hat keine Zeit mehr,
über das zu klagen, was er nicht hat.**

Ernst Ferstl

Dankbarkeit erhöht die Lebensfreude und gibt Dir mehr Gründe, um glücklich zu sein.
Es gibt wirklich genügend Dinge, für die man dankbar sein kann.

Probier's aus!
Dieses tiefe Gefühl der Zufriedenheit erhöht die Stimmung augenblicklich.

Dankbarkeit macht den Ärmsten reich.

Andreas Tenzer

Du hast keine Idee, für was Du alles dankbar sein kannst? Nichts Positives in Deinem Leben?

OK, dann gebe ich Dir einen kleinen Anstoß:

- Dein Zuhause.
- Deine Gesundheit.
- Dein Leben.
- Deine Kinder.
- Deine Ehe, Beziehung.
- Deine Haustiere.
- Bücher, die Du gelesen hast.
- Deine Reisen.
- Die Sonne.
- Den Regen.
- Die Vögel, die singen.
- Das Gras unter Deinen Füßen.
- Deine Freunde.
- Freizeit
- Frische Luft.
- Tage, an denen alles glatt läuft.
- Deinen Erinnerungen.
- Nachbarn
- Dein Auto.
- Schulbildung
- Kaffee am Morgen.
- Reichlich Essen.
- Sonnenuntergänge
- Schaumbäder

- Veränderungen
- Harte Zeiten, die Dich wachsen lassen.
- Medizinische Versorgung.
- Sicherheit
- Sternenhimmel
- Vergangenheit
- Internet
- Duftkerzen ... und ... und ...und ...

Es gibt 1000 Sachen, wenn Du ehrlich darüber nachdenkst.
Manchmal sind es kleine Dinge, die wir nicht als wichtig erachten z. B. Schuhe anziehen, für die man dankbar sein sollte, wenn man es kann.

**Es kostet nichts dankbar zu sein,
aber es ändert einfach alles.**

Autor unbekannt

Das Vergessen der Dankbarkeit – Afrikanische Kurzgeschichte

Eines Tages begab sich das Leben auf die Wanderschaft durch die Welt.
Es ging und ging, bis es zu einem Menschen kam. Der hatte so geschwollene Glieder, dass er sich kaum rühren konnte.
„Wer bist Du?" fragte der Mann.
„Ich bin das Leben."
„Wenn Du das Leben bist, kannst Du mich vielleicht gesund machen", sprach der Kranke.
„Ich will Dich heilen", sagte das Leben, „aber Du wirst mich und deine Krankheit bald vergessen."
„Wie könnte ich euch vergessen!" rief der Mann aus.
„Gut, ich will in sieben Jahren wiederkommen, dann werden wir ja sehen", meinte das Leben. Und es bestreute den Kranken mit Staub, den es vom Wege genommen hatte. Kaum war das geschehen, war der Mann gesund.

Dann zog das Leben weiter und kam zu einem Leprakranken.
„Wer bist Du?" fragte der Mann.
„Ich bin das Leben."
„Das Leben?" sagte der Kranke." Da könntest Du mich ja gesund machen."
„Das könnte ich", erwiderte das Leben, „aber Du wirst mich und deine Krankheit bald vergessen."
„Ich vergesse euch bestimmt nicht", versprach der Kranke.
„Nun, ich will in sieben Jahren wiederkommen, dann werden wir ja sehen", sprach das Leben.
Es bestreute auch diesen Mann mit Staub vom Wege, und

der Kranke ward sogleich gesund.
Wieder begab sich das Leben auf die Wanderschaft.
Nach vielen Tagen kam es schließlich zu einem Blinden.
„Wer bist Du?" fragte der Blinde.
„Das Leben."
„Ach, das Leben!" rief der Blinde erfreut. „Ich bitte Dich, gib mir mein Augenlicht wieder!"
„Das will ich tun, aber Du wirst mich und Deine Blindheit bald vergessen."
„Ich werde euch bestimmt nicht vergessen", versprach der Blinde.
„Nun gut, ich will in sieben Jahren wiederkommen, dann werden wir ja sehen", sagte das Leben, bestreute den Blinden mit Staub vom Wege, und der Mann konnte wiedersehen.

Als sieben Jahre vergangen waren, zog das Leben wieder in die Welt.
Es verwandelte sich in einen Blinden und ging zuerst zu dem Menschen, dem es das Augenlicht wiedergegeben hatte.
„Bitte, lass mich bei Dir übernachten", bat das Leben.
„Was fällt Dir ein?" schrie der Mann es an. „Scher' dich weg! Das fehlte mir gerade noch, dass sich hier jeder Krüppel breit macht. „Siehst Du", sagte das Leben, „vor sieben Jahren warst Du blind. Damals habe ich Dich geheilt. Und Du versprachst, Deine Blindheit und mich niemals zu vergessen."
Darauf nahm das Leben ein wenig Staub vom Wege und streute ihn auf die Spur dieses undankbaren Menschen. Von Stund an wurde er wieder blind.

Dann ging das Leben weiter, und es gelangte zu dem Menschen, den es vor sieben Jahren von der Lepra geheilt hatte. Das Leben verwandelte sich in einen Leprakranken und bat um Obdach.
„Pack dich!" schrie der Mann es an. „Du wirst mich noch anstecken!"
„Siehst Du", sagte das Leben, „vor sieben Jahren habe ich Dich von der Lepra -Krankheit geheilt. Damals hast Du versprochen, mich und Deine Krankheit niemals zu vergessen."
Darauf nahm das Leben ein wenig Staub vom Wege und streute ihn auf die Spur des Mannes. Im selben Moment wurde der Mann wieder von der Lepra- Krankheit befallen.

Schließlich verwandelte sich das Leben in einen Menschen, dessen Glieder so geschwollen waren, dass er sich kaum rühren konnte.
So besuchte es jenen Mann, den es vor sieben Jahren zuerst geheilt hatte.
„Könnte ich bei Dir übernachten?" fragte ihn das Leben.
„Gern, komm nur weiter", lud der Mann das Leben ein.
„Setz Dich, du Armer, ich will Dir etwas zu essen machen. Ich weiß recht gut, wie Dir zumute ist. Einst hatte ich ebensolche geschwollenen Glieder. Gerade ist es sieben Jahre her, als das Leben hier vorüber kam und mich gesund machte. Damals sagte es, dass es nach sieben Jahren wiederkommen wolle.
Warte hier, bis es kommt. Vielleicht wird es auch Dir helfen."
„Ich bin das Leben", sagte das Leben nun. „Du bist der einzige von allen, der weder mich noch seine Krankheit vergessen hat.

Deshalb sollst Du auch immer gesund bleiben."
Als es sich dann von dem guten Menschen verabschiedet hatte, sagte es noch: „Ständig wandelt sich das Leben. Oft wird aus Glück Unglück. Not verwandelt sich in Reichtum, und Liebe kann in Hass umschlagen. Kein Mensch sollte das jemals vergessen."

Netzfund – D. Steinwede

Was sagt uns die Geschichte?
Dankbarkeit sollte in guten und schlechten Tagen präsent sein.
Wir müssen damit aufhören, alles für selbstverständlich zu erachten und die Dinge wertschätzen, die wir haben. Es gibt unendlich viel, für was wir dankbar sein können, schon allein das Leben selbst ist das größte Geschenk.

Der gesundheitliche Aspekt sollte in punkto Dankbarkeit auch beachtete werden. Forscher fanden heraus, dass Dankbarkeitsübungen das Glücksniveau um 25 % anheben und Antidepressiva bei leichten bis mittelschweren Depressionen ersetzen können. Auch posttraumatischer Stress ließe sich durch Dankbarkeit lindern.

Es gibt immer einen Grund
dankbar zu sein.
Finde ihn!

Autor unbekannt

Mitmach- Challenge

Für was bist Du dankbar?

Schreib´ es Dir auf!

mein Leben
meine Kinder
mein Mann
Garten, Eltern,
Bruder, Verwandt-
schaft, Natur, Sonne,
Zeit, unsere Wohnung,
Essen, Geselligkeit,
Tiere, das Wetter,
Geld, Spaß auf der
Arbeit

Selbstfindung

Wer bist DU???

Wer sich selbst finden will,
darf andere nicht
nach dem
Weg fragen.

Paul Watzlawick

Zur Erinnerung, am Anfang dieses Buches schrieb ich folgendes Zitat:

„Einige Menschen schwimmen mit dem Strom, einige dagegen. Ich stehe mitten im Wald und finde den Fluss nicht."

Nun kommt die Auflösung,
denn genauso habe ich mich gefühlt, nachdem ich mein Unfalltrauma und die elendigen Angstzustände überstanden hatte und wieder einen Job annahm.

Aber lies selbst ...
... es war ein ganz normaler Job, 22 Stunden die Woche.
Ich ging täglich hin und versuchte mein Bestes zu geben, so wie ich es eigentlich immer tat.
Eines Tages merkte ich plötzlich, das bin doch nicht ich!
Das Ganze passte nicht mehr zu mir.
Die aufgesetzte Freundlichkeit, die gute Miene zum bösen Spiel und dann noch das Gehalt.
Gedanken schossen mir wie Pfeile durch den Kopf und ich stellte mir ernsthaft die Frage: „Alter Schwede, wer bin ich und was mache ich hier eigentlich?"
Ich hatte keine Antwort parat, aber ich wusste, dass ich auf keinen Fall so weitermachen wollte wie bisher.

Mein ganzes Leben fühlt sich auf einmal wie ein schlechter Film an. Asche auf mein Haupt, es war der schlechtes Film ever.

Ich erzählte den Leuten immer nur das, was sie hören wollten, versuchte krampfhaft die Erwartungen der Vorgesetzten zu erfüllen und passte mich an, vergaß dabei aber das Wichtigste!
Mich!
Es ging alles so schnell und für einen kurzen Augenblick dachte ich ernsthaft, ich verliere den Verstand nun völlig.
Leider kann ich es nicht so gut beschreiben, sowas muss man erleben.
Ich war mir aber zu 100 Prozent sicher, wenn ich jetzt nichts ändere, war das ganze Drama, was ich bis hierher erlebt und überstanden hatte umsonst.

Ich kündigte und beschloss herauszufinden, wer ich bin und was ich wirklich wollte. Ich tat es einfach.

Fünf Monate später, veröffentlichte ich mein erstes Buch „Jammer nicht, lebe!“, mit meiner eigenen Geschichte.
Die Worte sprudelten nur so aus mir heraus.
Einen Niagarafall an Tränen habe ich vergossen, als aus meinem damaligen „Notizhaufen“ ein ganzes Buch entstand.
Ein großartiges Gefühl.
Tränen sind auch eine Dusche für die Seele.

Rückblickend bin ich sehr stolz, diesen Schritt gewagt zu haben.
Wieder ist ein Jahr vergangen und dieses Werk ist fast fertig.

„Ich habe mich selbst gefunden, es war gar nicht schwer, ich stand nur etwas neben mir!"

Aus Verwirrung entsteht nun Klarheit.
Glücklich wirst Du nur, wenn Du ein Leben führst, dass zu Dir passt.
Um das zu erreichen, musst Du Dich mit der Frage auseinandersetzen „WER BIN ICH?"
Diese Wer-bin-ich-Frage wird wohl die wichtigste Frage Deines Lebens sein.
Sich selbst zu erkennen ist ein langer Prozess, der nie endet, da wir uns immer wieder verändern.
Wunder kann man also nicht erwarten.

Aber manchmal muss man das Chaos nur etwas schütteln und es wird ein Wunder daraus.

Autor unbekannt

Aus Erfahrung kann ich sagen, Selbstfindung ist ein steiniger Weg, da wir in der heutigen Zeit unendlich viele Möglichkeiten zur Verfügung haben.
Ich will nicht sagen früher war alles besser und dennoch hat sich vor 50 Jahren noch keiner Gedanken über Selbstfindung gemacht.
Du wurdest in die Rolle Deines Lebens hineingeboren, Punkt!
Heutzutage muss fast keiner mehr den Betrieb der Familie übernehmen oder im selben Ort/ Haus wie Eltern und Großeltern wohnen bleiben.

Die Vielzahl an Angeboten was die Welt zu bieten hat ist groß, was einerseits großartig ist, anderseits eben nicht. Es verleitet uns immer wieder, 1000 Wege auszuprobieren und im schlimmsten Fall finden wir nie den richtigen Weg zu einem glücklichen und erfolgreichen Leben.

Sobald Du aber weißt, wer Du bist und was Du mit Deinem Leben anfangen willst, steht Dir eine neue Welt offen. Der Schlüssel dazu steckt von INNEN.
Du bist der Schöpfer Deines Lebens.

**Sobald Du die Antwort hast,
ändert das Leben die Frage.**

Autor unbekannt

Selbstfindung bedeutet, Du kennst Deine inneren Wünsche und Bedürfnisse und weißt, was Du liebst, was Du kannst und was Dir guttut.
Im Idealfall holst Du mit diesem Wissen das Beste aus Dir heraus und führst ein glückliches und erfolgreiches Leben.

Wir sind alle unterschiedlich, keiner ist wie der andere. Jeder ist mit besonderen Fähigkeiten, Eigenschaften und Interessen ausgestattet.
Aus diesem Grund kann Dir auch NIEMAND anderes sagen, wer Du bist!

Du musst es selbst tun!

So geht's: Mitmach-Challenge

- Was sind meine persönlichen Eigenschaften?

Eine Charaktereigenschaft ist eine individuelle Kompetenz, die Dich als Person ausmacht.
Seine Charaktereigenschaften zu kennen ist also gar nicht so unwichtig.

Schreib´ Dir alles auf, was Dir spontan einfällt.

Hilfestellung:

- Was sagen andere über Dich? Sturköpfig, optimistisch, kreativ, sportlich, hilfsbereit?

- Wie beschreiben Dich Deine Freunde, Bekannte? Abenteuerlustig, liebevoll, ängstlich?

- Was unterscheidet Dich?

- Was zeichnet Dich aus?

Ob negativ oder positiv, es geht in erster Linie darum, Dich selbst zu analysieren.
So kannst Du negative Eigenschaften in positive umwandeln.

Der Charakter des Menschen ist sein Schicksal.

Heraklit

⅄ Was sind meine Stärken?

Ich schätze einmal bei Dir ploppt sofort das letzte Vorstellungsgespräch auf, in dem der Personaler nach Deinen persönlichen Stärken fragt. Um einen guten Eindruck zu hinterlassen, fallen Dir nur vorgefertigte Standardantworten, die im Internet reihenweise zu finden sind, ein.
Hier musst Du niemanden von Dir überzeugen, nur Dich selbst.

Persönliche Stärken sind Fähigkeiten mit Leuten umzugehen oder wie man Aufgaben bewältigt.

Hilfestellung:
- Was kannst Du besonders gut? Organisation, Kommunikation, Verantwortung übernehmen?

- Was kannst Du besser als andere? Handwerkliches Geschick, Rechtschreibung, hohe Belastbarkeit?

- Was hast Du gelernt? Beruf?

- Was sagen andere über Dich in Bezug auf Deine Stärken?

Schreib´ Dir alles auf, was Dir einfällt.

Verantwortg. übernehmen,
voran gehen,
heilen

Man verliert nie seine Stärke.
Manchmal vergisst man nur, dass man sie hat. Autor unbekannt

⅄ Was sind meine Schwächen?

Wahre Stärke liegt nicht darin, seine Stärken zu zeigen, sondern in der Fähigkeit, seine Schwächen zuzugeben!
Es wird immer etwas geben, was Dir schwerfällt. Das ist auch gut, denn genau das ist die Wahrheit und macht Deine Person aus.
Wer A sagt, muss auch B sagen!
Mache Dir bewusst, dass eine Schwäche meist eine Abweichung der Norm bedeutet.
Und genau das ist Deine Besonderheit oder vielleicht sogar Dein Talent.
Akzeptiere Deine Schwächen, anstatt sie abzulehnen und zu verleugnen. Durch Deine Akzeptanz gibst Du ihnen Raum sich zu entfalten oder sogar ins Positive zu wandeln

Hilfestellung:

- Was kannst Du nicht gut?

- Was fällt Dir schwer?

- Was wurde an Dir schon öfters kritisiert?

Schreib´ Dir auf, was Dir dazu einfällt.

Strukturiert bleiben

Ergänzt

- Was sind meine Interessen?

Für was interessierst Du Dich, für was brennst Du und was reizt Dich?
Interessen könne so vielfältig sein.
Bist Du ein begnadeter Hobbykoch, ein Sportler, ein Motivationsredner oder vielleicht ein Bücherwürmchen?
Über welches Thema unterhältst Du Dich gerne?
Was machst Du in Deiner Freizeit sehr gern?
Wofür gibst Du das meiste Geld aus?
Was hat in Deiner Kindheit schon Deine Neugier geweckt?
Hattest Du ein Lieblingsfach während Deiner Schulzeit?
Für welchen Beruf hast Du Dich entschieden aufgrund Deiner Interessen?

Ich habe die Erfahrung gemacht, dass mir vieles, was mit meinen Interessen übereinstimmt, große Freude bereitet und mich glücklich macht.

Schreib´ Dir Deine Interessen auf.

Spiritualität
Klamotten
Gute Nahrungsmittel
Medizin
Psyche

⅄ Was sind meine Werte?

Persönliche Werte sind Eigenschaften oder Überzeugungen, die Du als gut oder erstrebenswert erachtest.
Wie zum Beispiel Freiheit, Ehrlichkeit, Pünktlichkeit, Gesundheit, Geld, Vertrauen, Toleranz, Ordnung, Demut u.v.m.
Dein Verhalten basiert also auf Deinen Werten.
Ein Mensch, der Freiheit als ein hohes Gut ansieht, wird sich anders verhalten, wie jemand, dem das egal ist.
Deine persönlichen Werte sind quasi Dein Fundament, ob sie Dir nun bewusst sind oder nicht, Du richtest täglich Dein Verhalten danach aus.

Nur wie findest Du Deine persönlichen Werte?
Gar nicht! Du wählst sie!

Es ist allein Deine Entscheidung, welche(r) Mann/Frau Du heute sein willst.
Du kannst Dich immer frei entscheiden, welche Werte Du in Deinem Leben als wichtig betrachtest.

Ich muss zugeben, mir fiel das Bestimmen meiner Werte schwer und ich verbrachte mehr Zeit damit, als ich anfangs dachte.

Ich ging wie folgt vor:

- Im Internet gibt es Listen mit allen Werten. Ich wählte mir fünf aus, mit denen ich mich gut identifizieren konnte und mich dabei sehr wohlfühlte – Ehrlichkeit, Familie, Freiheit, Gesundheit und Hilfsbereitschaft.
- Kleiner Tipp, Du kannst Dir auch zehn aussuchen, wenn Du Dir damit leichter tust und diese dann nochmal reduzieren. Nimm Dir Zeit!
- Als ich meine Top fünf gewählt hatte, schrieb ich sie groß auf ein Blatt Papier und pinnte sie sichtbar an meine Magnettafel. Es ist wichtig, dass Du Deine Liste jeden Tag siehst, das unterstützt Dich dabei, eine klare Ausrichtung im Leben zu haben, gute Entscheidungen zu treffen und schlussendlich ein erfülltes Leben zu führen.

Diese Werte werden sich in Laufe Deines Lebens vermutlich ändern, nichts ist so beständig wie der Wandel. Überprüfe in Zeitintervallen von ca. 1 Jahr nochmals Deine Werte. Es lohnt sich.

Die Dinge haben nur den Wert, den wir ihnen geben.

Jean Baptiste Poquelin

⅄ Jetzt bist Du dran!

Wenn Du Dir unsicher bist, notiere Dir in dem ersten Kästchen zunächst alle Werte, die Du für wichtig erachtest.
Danach reduzierst Du sie auf Deine Top-Werte.

Ehrlichkeit
Vertrauen
Toleranz
Ordnung
Liebe
Dankbarkeit
Demut

Top Werte

Ehrlichkeit

Liebe

Dankbarkeit

Toleranz

Demut

Ein jeder ist so viel wert,
wie die Dinge wert sind,
um die es ihm ernst ist.

Marc Aurel

- Was sind meine Ziele?

Das, was Du in Deinem Leben erreichen willst, gehört natürlich auch zu der
Frage – wer bin ich wirklich?

DIE WITH MEMORIES – NOT WITH DREAMS!

Ziele sind von zentraler Bedeutung und dabei ist es nicht ausschlaggebend,
ob Du auf direktem Weg zum Ziel gelangst oder auf Umwegen. Ohne Ziel kommst Du nicht aus der Hüfte und verweilst bis ans Ende Deiner Tage in der bequemen Komfortzone.
Warum erzähle ich Dir das?
Stell´ Dir vor, Du bist alt und blickst auf Dein Leben zurück, was würdest Du dann sehen bzw. was möchtest Du sehen?

- Jemanden, der wie ein Roboter durchs Leben ging und nur das getan hat, was unbedingt nötig war oder nur erwartet wurde?
  Der nie seine Träume verwirklicht hat, aus Angst zu scheitern?
  Für Vorwürfe oder hätte ich nur ... ist es dann zu spät!

ODER

- Jemanden, der sein Leben verwirklicht hat, seine Träume gelebt hat, der etwas erreicht hat und in glücklichen Erinnerungen an vergangene Tage schwelgt?
  Eine starke Persönlichkeit, die einen bleibenden Eindruck hinterlässt, wenn sie von dieser Welt geht?

Ich kann es nicht oft genug sagen:
„Es ist Deine Entscheidung, Dein Leben!"

Der Weg ist das Ziel!

⅄ Was willst Du erreichen? Deine Ziele?
Glaub an Dich! Wenn Du es schon nicht tust, wer soll es sonst machen?
Schreib´ auf!

Heilen
Menschen auf den
Weg begleiten
Mut geben

Nicht am Ziel wird der
Mensch groß,
sondern
auf dem Weg dorthin.

Ralph Waldo Emerson

Irgendwann wird alles Sinn machen!

Autor unbekannt

Zusammenfassung

„Gehe nicht, wohin der Weg führen mag, sondern dorthin, wo kein Weg ist und hinterlasse Spuren.“

Jean Paul

Ich hoffe inständig, dass Du zu demselben Ergebnis gekommen bist wie ich.

„Es ist nicht schwer, sich selbst zu finden, manchmal steht man nur etwas neben sich.“

Wenn Du alle Challenges mitgemacht hast und Dich weiterhin damit beschäftigst, dann bist Du Deiner Selbst ein großes Stück nähergekommen und auf dem richtigen Weg ein glückliches und erfülltes Leben zu führen.
Es ist nie zu spät, neu anzufangen.
Denn all das, was Du in die Kästchen geschrieben hast, bist Du und das hilft Dir Dein Leben nach Deinen Wünschen zu gestalten.

Jede neue Erfahrung, jede Antwort, die Du erhältst, lässt Dich wachsen.
Bist Du ganz Du Selbst und weißt, was Du in Deinem Leben machen willst,
wirst Du Entscheidungen treffen, die mit all Deinen Werten, Interessen und Zielen übereinstimmen.

Du lernst Menschen kennen, die auf Deiner Wellenlänge sind. Es fühlt sich richtig gut an ein Leben zu führen, von dem Du nie wieder Urlaub brauchst.
Sei bereit das Leben aufzugeben, das Du gewohnt bist, um das Leben zu haben, von dem Du schon immer geträumt hast.
Hab keine Angst. Veränderungen sind am Anfang schwer, in der Mitte chaotisch und am Ende wunderbar.

Denke immer daran, dass auch berühmte Persönlichkeiten auf Ihrem Weg zum Erfolg viele Misserfolge erlebten, diese aber nicht als solche ansahen, sondern daran gewachsen sind.

- Isaac Newton, scheiterte, als er die Familienfarm führen sollte.
- Walt Disney wurde gefeuert, da er keine Ideen und Vorstellungskraft hatte.
- Elvis Presley wurde prophezeit, dass er es nie zu etwas bringen könnte.
- Stephen King warf seinen ersten Roman in den Müll (Carrie).
- Marilyn Monroe wurde gesagt, sie sei nicht hübsch und talentiert genug.

Was haben diese fünf gemeinsam?
Das Leben gab ihnen Zitronen und sie machten Limonade daraus. 😊

Auf was wartest Du noch?

Du kannst ... Ende der Geschichte!

Vielleicht beginnt Dein Leben erst dann
wirklich,
wenn Du gegen den Strom schwimmst,
wenn Du den Mut findest
einen Traum zu verwirklichen,
wenn Du etwas riskierst,
wenn Du etwas tust, obwohl alles dagegen
spricht,
außer dieser Stimme in Dir,
die Dir sagt:

„Mach´ es trotzdem!"

Autor unbekannt

Mitmach-Challenge   Wer bist **Du**?

Am Anfang des Buches solltest Du aufschreiben, wer Du „HEUTE“ bist. Also wenn alle gut lief „warst“.
Ich hoffe Du kannst nach den Challenges aufschreiben, was sich verändert hat und welcher Mensch Du **jetzt** bist. Was hat sich an Dir verändert? Hat sich überhaupt etwas verändert oder bist Du noch immer der gleiche Mensch?

mehr selbstvertrauen,
Selbstwertgefühl
ich weiß, das ich
es richtig mache,
ich hab schon viel
hinter mir gelassen &
verändert - es geht
immer weiter

Wer bist Du, wenn Du NIEMAND sein musst?

Wärst Du ein Pilot, der durch die Lüfte fliegt?
Oder ein Künstler, der auf alle Normen pfeift?
Ein Feuerwehrmann, der Leben rettet?
Vielleicht ein Wissenschaftler, der
Medikamente erforscht?
Oder ein Magier, der die Welt verzaubert?
Wärst Du Philosoph und würdest die
schönsten Wörter aneinanderreihen?
Würdest Du die Welt bereisen?
Vielleicht wärst Du auch ein Politiker und
würdest die Karten neu mischen?
Oder ein Kind, das die Welt noch als bunte,
glitzernde Kugel betrachtet?

Oder wärst Du einfach nur DU, so wie Du
Selbst bist?!?

Ich bat um Kraft und mir wurden Schwierigkeiten
gegeben, um mich stark zu machen.

Ich bat um Weisheit und mir wurden Probleme gegeben,
um sie zu lösen und dadurch Weisheit zu erlangen.

Ich bat um Wohlstand und mir wurde ein Gehirn und
Muskelkraft gegeben, um zu arbeiten.

Ich bat um Mut und mir wurden Hindernisse gegeben, um
diese zu überwinden.

Ich bat um Liebe und mir wurden besorgte, unruhige
Menschen mit Problemen gegeben, um ihnen beizustehen.

Ich bat um Entscheidungen und mir wurden
Gelegenheiten gegeben.

Ich bekam nichts, was ich wollte, aber ich bekam alles,
um herauszufinden wer ich bin!

Netzfund Autor unbekannt

Du bist das einzige Problem,
das Du jemals haben wirst
und Du bis die einzige Lösung.

Erlebnisberichte

Die besten Geschichten schreibt das Leben selbst.

Ich zeige dem Leben die Arschkarte!
Hallo, mein Name ist Daniel, ich bin 36 Jahre alt und die schlechte Idee meiner Eltern.
Vor einigen Jahren ging es mir alles andere als gut. Aufgrund massiver Schicksalsschläge ging ich den Bach des Lebens runter und das ohne Paddel.

Es war, als wäre meine Seele teilweise aus dem Körper getreten, wo sie schutzlos allen Elementen ausgeliefert war.
Mein einziger Trost war der Alkohol und mit ihm beschleunigte ich meinen Abstieg.
Alkohol ist wie einer dieser Geldhaie.
Anfangs hilft er Dir, aber nach und nach fordert er eine enorme Rückzahlung, die man kaum leisten kann. Dir geht es schlecht, dann trinkst Du und es verbessert Dein Befinden, was nichts weiter ist, als eine Botenstoff-Ausschüttung im Gehirn.
Sobald diese aufgebraucht ist, schlägt das Pendel plötzlich in die andere Richtung aus. Mit dumpfen Pochen im Schädel wachst Du auf und versuchst verzweifelt Dein Bewusstsein zurückzuerlangen.
Dein Magen übt Wassertreten und die depressiven Gefühle treten die Tür zu Deinem Seelenhaushalt ein wie das verdammte SEK.

Alkohol ist nichts weiter als ein Lautsprecher der Gefühle; und da meine zu der Zeit vorwiegend negativ waren, wurden sie irgendwann so laut, dass man die Lautstärke nur mit weiteren Drinks drosseln konnte.

Ein grausamer Kreislauf. Die Grenze zwischen „zu viel feiern" und Abhängigkeit wurde immer dünner.
Schlaflosigkeit, Gereiztheit, ständig Streit mit anderen bis hin zur Isolation, waren das Resultat.
Mein Tiefpunkt war erreicht, als ich alles verloren hatte. Ich saß verzweifelt mit dem Rücken an die Wand gelehnt und betrank mich, während ich das erste Mal seit Jahren Tränen vergoss.
Es war, als wollten die Augen das Leid der vergangenen Jahre auswaschen.
Es war bei mir nicht so, dass ich täglich getrunken habe oder schon morgens, aber ich stand ganz knapp vor der Grenze zum Alkoholismus. Aus diesem Grund entschied ich mich freiwillig mir Hilfe zu suchen.

Heute, ganze fünf Jahre später, habe ich kein Interesse mehr an Besäufnissen. Hin und wieder mal 1-2 Gläschen Wein und das war es.
Wenn ich etwas gelernt habe, dann das Alkohol keine Probleme löst, dafür aber Beziehungen, Freundschaften, Familien- oder Jobverhältnisse kaputtmacht.

Ich bin irischer Abstammung und kann das Sprichwort: „Der Teufel hat den Schnaps gemacht", nur bestätigen. Er öffnet eine Tür zu dem dunklen Teil der Seele, den jeder von uns hat.

Es gibt bessere Wege, um mit Schmerz und Leid fertig zu werden, Sport und positives Denken.

Ab und an hilft auch die Zen-Kunst des „Drauf Scheißens".
Ich glaube an das Gesetz der Anziehung. Was wir denken, fühlen und wovon wir überzeugt sind, wird sich in unserem Leben manifestieren.
Schon in der Bibel stand: „Nach eurem Glauben wird euch geschehen".

Also bleibt bitte positiv!

Daniel Vogelsang –
zu finden bei Instagram „Shadow_Akten“

Das Gegenteil von Angst
„Angst ist also ihr Problem“ sagte der Therapeut.
„Ähmm, eigentlich nicht“ stammelte ich, „mein Leben ist einfach völlig sinnlos und ich halte mich selbst nicht aus, aber Angst habe ich eigentlich nicht.“

Wie Recht der gute Mann doch hatte, musste ich in den nachfolgenden drei Monaten schmerzhaft lernen.
Ich war stark, hilfsbereit, freundlich, mutig und beliebt ... nach außen.
Innen sah es doch seit jeher ganz anders aus. Ich hasste mich und meinen Körper, ich wollte am liebsten sterben, ich zwang mich unter Leute zu gehen und hatte keinerlei Lebensfreude.
Mein Außen-Ich hatte sich zudem den passenden Beruf ausgewählt.
Ich entwickelte bereits mit 14 Jahren den Wunsch Polizistin zu werden. Und wie es das Schicksal so wollte, funktionierte alles mit meiner Karriere beim Staat.
Nach außen ging ich meinen Weg sehr zielstrebig. Wie es innen aussah, bekam zunächst niemand mit. Nach und nach wurde es immer chaotischer in meinem Leben.
Ich trank zu viel und spielte regelmäßig mit meinem Leben. Mit 21 Jahren war mir alles egal ... es kam der Nullpunkt ... und zum Glück überlebte ich diese eine düstere Nacht.
Aber mein Kartenhaus fiel in sich zusammen.

Ich musste mir selbst und anderen Menschen eingestehen, wie es mir wirklich geht. Es folgten zähe Kämpfe mit meinem ersten Therapeuten.

Zwei Schritte vor, drei zurück.
Ich stellte viele Menschen auf eine harte Geduldsprobe. Zum Glück gab es aber trotzdem noch einige wenige Menschen, die an mich glaubten und mir Halt gaben.
Ich fing an für sie zu kämpfen.
Glaubte langsam selbst daran, dass sich etwas ändern könnte. Ich begann die Dunkelheit in mir anzusehen. Viel zu oft hielt ich das nur betäubt aus.

Rückwirkend betrachtet rebellierte ich wie ein kleines Kind, eines zu dem ich jeden Zugang verloren hatte.
Ich wurde irgendwann gefragte, warum ich mir denn nicht wirklich das Leben nehme.
Ich fand die Frage sehr provokant, aber sie verfehlte nicht ihr Ziel. Ich musste mir eingestehen, dass es da einen Teil in mir gab, der die Hoffnung auf ein besseres Leben nicht verloren hatte.

Es war wie ein kleines Licht der Hoffnung, das einfach nicht erlöschen wollte.

Ab diesem Moment änderte sich alles. Ich machte in der Therapie mit und ließ mich auf andere Menschen ein.

Es dauerte einige Jahre, bis ich stabil genug war, die dunklen Ecken meiner Seele wirklich auszuleuchten. Und hier kommt die Angst ins Spiel.

Als ich hinsah kamen sie hervor, die schrecklichen Bilder meiner Vergangenheit.

Die Verletzungen, die ich sorgsam unter den Seelenteppich gekehrt hatte. Die Bilder, die so schwer zu ertragen waren, weglaufen erschien als einzige Option.
Ich wollte sie nicht wahrhaben, obwohl mein Körper mir eindeutig signalisierte, dass sie einst real waren.
Obwohl mich diese Erinnerungen fast zu Boden streckten, fing ich wieder an zu kämpfen. Ich konnte zunächst mit niemandem darüber reden.
Reden bedeutete, dass etwas sehr Schlimmes passieren würde. Und dann kam sie aus ihrem Versteck hervor, die Angst.
Sie hatte mich seit Jahren im Griff und hatte es nur gut getarnt.
Nun sah ich ihr in die Augen.

Weglaufen ... keine Option ... aufgeben ... niemals.

Es war der Zeitpunkt gekommen, um das einzige Gegenmittel gegen die Angst zuzulassen: „Das VERTRAUEN."

Ich fing an mich zu öffnen. Erstmals war ich ehrlich zu mir selbst, zu meinen Mitmenschen und zu den Ärzten.

Ja, ich war sogar zu meinen Chefs ehrlich. Das Investment in das Vertrauen lohnte sich. Es führte mich nach einigen Jahren sogar zu dem Arzt, der mir endlich helfen konnte. Behutsam packten wir all die Gewalt, die mein kleines und großes Ich erleben musste, aus.

Ich ging dahin zurück, wo alles begann. Ich brachte mich in Sicherheit und holte mir meine Gefühle und meinen Körper zurück.
Es war nicht immer einfach auszuhalten, aber mit dem Vertrauen, dass alles gut wird stellte ich mich den Situationen immer wieder mutig.
Ich habe es geschafft das Leid von einst zu verarbeiten und dadurch zu heilen.
Ich führe heute ein Leben, das ich mir nie hätte erträumen können, und mein Weg geht noch weiter, denn es trägt mich nun mein VERTRAUEN.

Aileen Keppler –
zu finden auf Instagram Trauma_anker

Die beiden Geschichten von Daniel und Aileen wurden von Ihnen selbst verfasst und mit Erlaubnis abgedruckt.

Vertrauen ist eine Oase des Herzens, die von der Karawane des Denkens nie erreicht wird.

Khalil Gibran

Jammer nicht lebe!

Die Probleme, die man konsequent ignoriert, verschwinden nur, um Verstärkung zu holen.

Sonja Brückner

Diejenigen, die mein Buch „Jammer nicht, lebe!" bereits gelesen haben, wissen, dass ich vor drei
Jahren, nach einem Reitunfall eine Notoperation an der Lendenwirbelsäule hatte.
Die Folgen daraus, noch mehr Schmerzen, Angst, Panik und Depression.
Durch enorme Selbstdisziplin konnte ich mich aus dem Teufelskreis der Angst befreien, allerdings kam der Schmerz in meinem Rücken immer wieder und blieb bis vor kurzem sogar bestehen.

Die Reise zu mir SELBST trat ich trotz Schmerzen an, um mein Leben endlich in die richtigen Bahnen zu lenken.
Alle oben aufgelisteten Challenges, führte ich in Selbstversuchen durch, mit Erfolg.

Zu einem glücklichen Leben gehört selbstverständlich auch ein schmerzfreier Rücken. Genau das wollte und wollte nicht richtig werden. Schmerzfreie Phasen hatte ich lediglich nach den Infiltrationen bei Dr. Latta. Meine Bemühungen den fürchterlichen Schmerz zu kontrollieren verliefen fortwährend im Sand. Ob mit oder ohne Sport, es änderte sich einfach nichts. Stillstand.

Mittlerweile sah ich einem Maggi Würfel sehr ähnlich und genauso fühlte es sich auch an. „Quadratisch praktisch gut."

Auch das Rauchen habe ich vor 1,5 Jahren aufgehört und wegen mangelnder Motivation und enormer Schmerzen stetig das Sofa oder Bett gehütet.
Mein Körpervolumen dementsprechend.

Glücklicherweise hatte ich gelernt, meinen Geist stabil und klar zu halten, denn das hielt mich über Wasser. Früher dachte ich immer, so ein dummes Geschwafel über mentale Stärke. Heute kann ich zu 100 % sagen, nichts ist wichtiger als das!

So, woher kamen die Schmerzen überhaupt?
Vom Iliosakralgelenk! (ISG)
Bei meiner Operation wurde quellende Masse von der geplatzten Bandscheibe entfernt und somit ist das stabile Gebälk ohne Muskulatur (woher sollte sie auch kommen) etwas in sich zusammen gerutscht.
Die Facettengelenke im LWS- Bereich waren dauerhaft entzündet und das ISG so massiv gereizt, dass ich nicht einmal mehr Treppensteigen konnte.
Alltägliche Dinge wie Spülmaschine aus- und einräumen, Schuhe binden, aus dem Auto ein und aussteigen oder längere Steh- und Sitzphasen, unmöglich für mich.

„Beschreiben Sie Ihren Schmerz auf einer Skala von 1 - 10“, forderte man mich immer auf. „Elf“, antwortete ich wahrheitsgemäß.

Unzählige Male schob man mich in das knatternde MRT - mein zweiter Vorname Rauschgoldengel, ich leuchte auch ohne Strom - und ebenso oft erklärte man mir: „Es liegt nichts GRAVIERENDES vor".
"Versuchen Sie es doch mit einer Reha", lautete ein Lösungsvorschlag.

Das Ergebnis, wie zu erwarten, katastrophal.

Bin ich denn reif für die Insel und bilde mir das womöglich alles nur ein?
Ein klares „Nein" von meinem Professor.
Das Heimtückische an diesem verdammten Gelenk ist, dass es in dieser Region alles Mögliche sein könnte bzw. viele Ursachen haben kann.

Ein Sechser im Lotto quasi.

Mein Professor Dr. Latta, mein Licht am Ende des Tunnels, forschte so lange, bis wir endlich wussten, mein ISG musste kaltgestellt werden.
Selbstverständlich lag bei mir bereits eine Chronifizierung vor.
Was sonst ...

Ich entschied mich für eine Denervierung (durchtrennen der feinen Schmerzleiter) des ISG-Gelenks und der nebenliegenden Facettengelenke.

Die Entscheidung super, die Behandlung ein ultimativer Alptraum!

Zwei Stunden lang lag ich bäuchlings auf meiner Lieblingsliege, verkabelt wie ein Strommast und brüllte wie bei einer Zombieapokalypse.

Ein grünes „Zelt“ verdeckte meinen ganzen Körper, bis auf ein Loch in der Höhe meiner Lendenwirbelsäule.

18 Nadeln mit Stromsonden und gefühlte 700 Betäubungsspritzen für die oberflächliche Haut, wurden ohne Erbarmen in meinem Rücken gestochen.

Da wir im Vorfeld alles besprochen hatten, was auf mich zukommt, hätte ich es eigentlich ahnen können, dennoch empfand ich die Geburt meines Sohnes als nicht schmerzhafter.
Meine Darstellung klingt etwas mörderisch aber um alle Irrtümer auszuschließen, ich wusste selbstverständlich, dass ich nicht komplett narkotisiert werde.
Warum keine Vollnarkose?
Durch permanente Rückfragen an den Patienten, kann der behandelnde Arzt sicherstellen, dass keine lebenswichtigen Nerven durchtrennt oder verletzt werden.
An dieser Stelle verläuft unter anderem auch der Ischiasnerv.

Wie ein Igel auf Ecstasy kam ich mir dabei vor, total benebelt und mit Stacheln bestückt.

Piep, piep, piiiiiep ... schrie das Pulsmessgerät mit mir im Kanon, immer dann, wenn der Strom floss.

Wer hätte gedacht, dass so eine Mammutbehandlung derartig schlaucht. Nicht nur ich war fix und fertig, auch meinem Doc standen die Schweißperlen auf der Stirn. Man könnte fast sagen, der Arme war durch - gekocht auf 90 Grad.

Nachdem er meinen Rücken mit Desinfektionsmittel eingeweicht hatte, einen halben Meter Pflaster darauf verklebte, zog er seine Vermummung aus und half mir von der Liege.
Fürsorglich begleitete er mich, stützend, in einen Ruheraum. Nach einer Stunde und einer Pulle Antibiotika durfte ich nach Hause.
Drei Wochen bewunderte ich meinen blauen mit roten Punkten versehenen Rücken, allerdings nahezu schmerzfrei und das war mir diese Prozedur wert. Die Einstichstellen taten fürchterlich weh, aber der stechende, unerträglich Schmerz war ziemlich weg.
Fast schmerzfrei und dennoch nicht geheilt, ruderte ich auf die nächste Katastrophe zu.
Ohne Muskulatur kein stabiler Halt und somit ginge das ganze Drama wieder vorne los. Nach mir die Sintflut.

Fitnessstudio wollte ich nicht mehr, das war mir zu allgemein für mein Problem und so untrainiert und steif, wäre das wieder ein Griff ins Klo geworden.

Ich suchte nach einem guten Personaltrainer und fand keinen. Blöd ohne Hollywoodstern.
Wie es das Gesetz der Anziehung will, kam ich über Kontakte zu Poja.

Dieses Muskelpaket kannte ich schon von früheren Zeiten, hatte leider seinen Werdegang nicht verfolgt.

Über Instagram schrieb ich Ihm und wir vereinbarten sofort einen Termin.

Am nächsten Tag stand ich mit offenem Mund in seinem Laden, Nxt Level und staunte. Um mich herum Topathleten, durchtrainiert bis aufs Mark und ich kleine dicke Hummel mittendrin, anstatt nur dabei.
Ich suchte verzweifelt nach einem Loch, in das ich sofort versinken konnte, denn just in dem Moment wurde mir schlagartig bewusst, wie schlecht es mir die letzten Jahre ging und das ich vielleicht schon eher hätte etwas unternehmen müssen.

Mein Gott dachte ich, ständig predigst Du den Leuten an sich zu glauben und weiterzumachen und was hast Du selbst getan?
„Du bist jeden Tag aufgestanden immerhin! Andere wären vielleicht an dem Martyrium zerbrochen“. Damit machte

ich mir Mut, schließlich hatte ich trotzdem viel erreicht, wenn auch nicht körperlich.

Poja, charmant wie eh und je, begrüßte mich herzlich. Der Mann hatte sich in alle den Jahren nicht wesentlich verändert.
Das muss an den Genen liegen?!?
Braungebrannt, schwarzes Haar und braune Augen mit Muskeln an Stellen, von denen ich nicht einmal dachte, dass es da welche gibt. Normal sieht man solche Typen nur in Magazinen, aber ... wollen wir nicht vom Thema abschweifen ...

Eine ganze Weile erzählte ich ihm meine Geschichte und während wir dasaßen und redeten, um uns herum die Typen aus dem Fitnessjournalen, wurde ich immer kleiner auf meinem Stuhl. So viel sportliche Selbstbeherrschung kann ganz schön einschüchternd sein! Als dann noch ein Mann aus dem Stand circa 1 Meter hoch auf einen Würfel sprang und das Ganze fünf Mal, verlor ich gänzlich den Faden.

Poja lachte und sagte nebenbei: „Das kannst auch Du bald." „Sicher, von was träumst Du nachts?", fragte ich ihn.
„Warte es ab", gab er zurück, „in einem Jahr reden wir noch einmal darüber". Schon allein die Vorstellung aus dem Stand auf den Würfel zu springen, machte mir Angst. Wir beließen es dabei und vereinbarten Personaltrainerstunden.

Tief in mir drin wusste ich so sicher wie das Amen in der Kirche, „wenn der Dich nicht fit bekommt, kann es keiner.“

Die Stunde der Wahrheit rückte näher ...

1. Termin: Körperanalyse

Wieder tat sich kein Mauseloch auf, in das ich versinken konnte ...
Die Tests, die er mit mir vorgab, hätte jedes Kindergartenkind besser hinbekommen.

„Kannst Du Kniebeuge?“, fragte Poja.
„Ja, kann ich buchstabieren“, erwiderte ich kleinlaut.
„Liegestütze?“, fragte er mich erneut.
„Ja, mach Du mal vor“, knirschte ich mit zusammengebissenen Zähnen hervor.
„Klimmzüge?“, er lachte.
„Klar, Du Witzbold, soll das ein Scherz sein?“, gab ich zur Antwort.
Er machte anscheinend keine Witze.
„Hüpfen?“, fragte er weiter. „Wie, hüpfen?“, fragte ich ihn überrascht. So blöde Fragen, stellt wahrscheinlich sonst keiner.
„Hüpfen, wie ein Häschen“, sagte er lächelnd.
„Ja, das Lied kenne ich - WTF?! Spiel mir das Lied vom Tod, oder was“, rief ich ihm zu.

Meine Realität bekam einen Namen,
Mindesthaltbarkeitsdatum abgelaufen!
Heute stehe ich am Abgrund, morgen bin ich einen Schritt weiter.

Poja lachte nur und forderte mich auf, die „einfachen“ Übungen zu machen, um sich einen Eindruck meiner körperlichen Verfassung zu verschaffen.

Ich werde darauf nicht weiter eingehen, denn das Bild von meinem ersten Klimmzug bzw. was auch immer das war, begleitet mich noch in meinen Träumen.
Der Bußgang von Cercei Lennister zum Roten Bergfried, wäre hier ein guter Vergleich.

„Schande. Schande. Schande“.

2. Termin: erstes Training

Mit panischer Angst und einem Puls von 180 stand ich, klein mit Hut, wieder im Studio.
Kurze Begrüßung und los ging die wilde Achterbahnfahrt.
- 2 Minuten aufwärmen brachten mich fast aus der Fassung.
- Quietsch rot im Gesicht ging's weiter mit leichter Mobilisierung.
- Wieder 2 Minuten Ausdauer.

- Mobilisierung, Ausdauer, Kreislaufversagen, Mobilisierung, Ausdauer, Wadenkrampf, Mobilisierung usw. ...
Wie ein Fisch, der nach Luft schnappt, kam ich mir vor und konnte nicht einmal protestieren, dazu hatte ich keine Luft übrig.
- Nach qualvollen 45 Minuten konnte ich tatsächlich 10 Minuten Ausdauer verbuchen, sowie eine komplette Mobilisierung und fünf Krampfanfälle.
Eine traurige Bilanz meiner Fitness.

Für mich zählte nur eines, keine Schmerzen bei all den Übungen. Ein bisschen stolz fühlte ich mich schon, immerhin stand ich noch aufrecht.

Poja grinste, hätte er keine Ohren am Kopf, so bin ich mir sicher, hätte er im Kreis gegrinst.

Der Mann wurde mir vom Himmel geschickt.

„Warum schaust Du so amüsiert", wollte ich von Ihm wissen. „Dein Muskelkater wird die Hölle morgen", sagte er trocken. Dann verabschiedeten wir uns.

„Verdammte Kacke", brüllte ich am nächsten Tag durchs ganze Haus. Muskelkater???
Womöglich wurde ich in der Nacht vom Bus überrollt!!!
Mein lieber Scholli, es existierten tatsächlich noch Muskeln in meinem Körper.
Poja behielt recht. Mir tat alles weh!

Wie Quasimodo schälte ich mich aus meinem Bett, „hätte ich doch einen Kran im Zimmer“, dachte ich mir.
Im Laufe des Tages fühlte ich mich aber besser und entspannter.

3./4./5. Termin: Training 2 & 3 & 4 verliefen alle ähnlich, aber immer mit einer enormen Steigerung und noch mehr Muskelkater.
Geht sowas überhaupt? Ja!

6. Termin: 5 Training

Wenn ich nicht selbst dabei gewesen wäre, hätte ich es niemals geglaubt.
Ich meisterte einen Parcours im Intervall, mit Klimmzügen, Liegestützen, Plank, Ausdauertraining, Beinschlaufen, Situps und am Ende schob ich sogar einen Rammbock (York) durchs Studio.
Was ich noch vor drei Wochen für NICHT möglich hielt, passierte ... ich brachte plötzlich Ressourcen auf und raste wie Karla Kolumna, mit Poja im Schlepptau von Übung zu Übung.
Ok, meine Klimmzüge sahen aus wie ein nasser Sack an der Stange, aber egal ich habe es einfach gemacht!

Für Dich klingt das vielleicht banal oder doof, denn für Normalos wäre das sicherlich Nullproblemo gewesen, aber für mich persönlich brachte dieses Training einen enormen Erfolg.
Poja klatschte in die Hände und freut sich mit mir. Stolz wie Bolle und mit zittrigen Knien zog ich vom Schlachtfeld.

Die nachfolgenden Trainerstunden verliefen ähnlich mit immer weiteren Herausforderungen.

Als ich die zehn Stunden voll hatte und endlich annähernd so weit war, um ins freie Training zu gehen, verzeichnete ich einen Kreislaufkollaps, einen Brechanfall und mehrere Krämpfe an komischen Stellen.

Unzählige Gummibärchen stopfte Poja in mich hinein, als ich des Öfteren wegen Kreislaufproblemen pumpend wie ein Maikäfer auf dem Rücken am Boden lag.

Wenn Du fitter werden willst, musst Du nur eine Sache aufgeben: „Deine Ausreden!“

Je öfter ich trainierte, desto besser ging es mir. Allerdings musste ich auch hin und wieder pausieren, da sich meine Körperhaltung zum Positiven veränderte und mir dadurch der Hexenschuss gerne einen Strich durch die

Rechnung machte.
Poja prophezeite mir das aber schon von Beginn an.

Eines Tages werde ich sagen: „Es war nicht immer einfach, aber ich habe es geschafft.“

Ich bin noch nicht da, wo ich hin will,
aber auch nicht mehr dort,
wo ich einst war.

Autor unbekannt

Danke Poja!

Zeit DANKE zu sagen

Ich danke allen, die meine Träume
belächelt haben;
Sie haben meine Fantasie beflügelt.
Ich danke allen, die mich in ihr Schema
pressen wollten;
Sie haben mich den Wert der Freiheit
gelehrt.
Ich danke allen, die mich belogen haben;
Sie haben mir die Kraft der Wahrheit
gezeigt.
Ich danke allen, die nicht an mich geglaubt
haben;
Sie haben mir zugemutet, Berge zu
versetzen.

Ich danke allen, die mich abgeschrieben haben;
Sie haben meinen Mut geweckt.
Ich danke allen, die mich verlassen haben;
Sie haben mir Raum gegeben für Neues.
Ich danke allen, die mich verraten und missbraucht haben;
Sie haben mich wachsam werden lassen.
Ich danke allen, die mich verletzt haben;
Sie haben mich gelehrt, im Schmerz zu wachsen.
Ich danke allen, die meinen Frieden gestört haben;
Sie haben mich stark gemacht, dafür einzutreten.

Vor allem aber danke ich all jenen,
die mich lieben,
so wie ich bin;
Sie geben mir die Kraft zum Leben!

Paulo Coelho

Autor unbekannt

Haftungsausschluss

Dieses Buch basiert auf meinen persönlichen Erlebnissen, Erfahrungen und Recherchen.
Alle Übungen sind frei und unverbindlich. Sie erheben nicht den Anspruch auf Vollständigkeit.
Eine Garantie oder Haftung kann nicht übernommen werden.

Quellen und/ oder Autoren sind jeweils angegeben, ansonsten unbekannt.
Bei den meisten Zitaten und Sprüchen ist der Autor eindeutig ersichtlich, bei vielen leider nicht.
Oft werden Zitate verschiedenen Verfassern zugeordnet oder sind ähnlich formuliert.
Manchmal haben mehrere Personen ein und dasselbe Zitat verfasst mit kleinen Änderungen.
Ich habe mich bemüht alle Autoren der Zitate ausfindig zu machen, wenn nicht anders angegeben Autor unbekannt.

Für mich stand primär nicht der Verfasser im Vordergrund, sondern die Wahrheiten hinter den Sprüchen und Zitaten, die zum Nachdenken anregen sollen.

Bilder: Pixabay
Pixabay Lizenz – Nutzung von Bildern und Videos
Bilder und Videos auf Pixabay werden unter der Pixabay Lizenz mit den folgenden Bedingungen zur Verfügung gestellt. Durch die Pixabay Lizenz erhältst Du ein unwiderrufliches, weltweites, nicht exklusives und gebührenfreies Recht, die Bilder und Videos für kommerzielle und nicht kommerzielle Zwecke zu verwenden, herunterzuladen, zu kopieren und zu verändern. Eine Nennung des Bildautors bzw. von Pixabay ist nicht erforderlich, wir wissen jedoch eine freiwillige Quellenangabe zu schätzen.

Quelle: Internet

Hat Dir das Buch gefallen, so würde ich mich über eine positive Rezension freuen.

Danke

Das Buch ist in der „Du-Form“ verfasst, weil es ansprechender für den Leser /in ist.

Autor unbekannt

Impressum

Coverdesign by Jammer nicht, lebe!
Coverbild: Pixabay

Erste Auflage

ISBN 978-3-98212174-0-8
Verlagsnummer: 978-3-9821274

Personenangaben Zitate

Fontane Theodor - deutscher Schriftsteller -1819-1898
Meister Eckhart - Theologe und Philosoph - 1260 – 1328
Peter Ustinov - Schauspieler und Schriftsteller - 1921 – 2004
Irina Rauthmann- deutsche Lyrikerin - *1958
Bahar Yilmaz- Autorin - *1984
Dr. Susanne Vornweg - Autorin und Speakerin
Osho- Philosoph - 1931 -1990
John Lennon- Musiker - 1940 - 1980
Paulo Coelho- Schriftsteller - *1947
Ernst Ferstl - Schriftsteller - *1955
Sir Francis von Verulam Bacon - Generalstaatsanwalt für England und Wales - 1561- 1626
Andreas Tenzer- Autor - *1954
Paul Watzlawick- Wissenschaftler - 1921 - 2007
Heraklit - Philosoph - * 544 v. Chr.
Jean Baptiste Poquelin - Schauspieler - 1622 - 1673
Marc Aurel - Römischer Kaiser - 121 -180 n. Chr.
Ralph Waldo Emerson - Philosoph – 1803 -1882
Jean Paul - Schriftsteller - 1763 - 1825
Ray Stanford - Autor - *1938
Sonja Brückner - Unternehmerin
Khalil Gibran- Maler - 1883 - 1931
Franz von Assis- Ordensbruder - 1182 - 1226
Oscar Wilde - Schriftsteller - 1854 - 1900
Elisabeth Gilbert - Schriftstellerin - *1969

Printed in Poland
by Amazon Fulfillment
Poland Sp. z o.o., Wrocław

58915787R00092